都市空間と民衆
日本とフランス

中野隆生＝編

Nakano Takao

山川出版社

L' espace urbain et le peuple : Japon et France

sous la direction de NAKANO Takao

都市空間と民衆　日本とフランス　目次

パリの外国人空間、過去と現在

民衆の街区から多様なエスニシティの街区へ

マリ＝クロード・ブラン＝シャレアール
西岡芳彦 訳

都市空間と民衆　日本とフランス

序章

空間への眼差しと都市の近現代

中野隆生
成田龍一

1　都市空間の多様性　地理学を手掛かりとして

このところ空間という語を冠した歴史書が目につく。[1]一九八〇年代以降のことであろうか。古くから使われてきた歴史空間をはじめとして、政治空間、社会空間、文化空間、移動空間、生活空間など、さまざまに空間は語られてきたが、こうした空間をとりあげる傾向の高まりは、おそらく劇的に進行する歴史学の変化と無縁ではない。ところが、歴史学においてまともに空間が論じられることはあまりないのである。もちろん、かつて長期持続・中期持続・短期持続といったかたちで重層的な時間把握を提唱したフェルナン・ブローデルが、とりわけ長期持続と絡ませながら地理的空間に重要な歴史的要因の地位を認めて、国境を越えたスケールでの考察に力をそそぎ、地球規模の世界史像を紡ぎだそうとしたことは忘れるべきではない。こうしたブローデルにおける地理的空間への関心は、フランス歴史学の伝統を受け継ぐものであった。

ところで、近年、とりわけ言及が多いのは都市に関連する空間についてである。そうした都市空間への注目は、日本では、文学、建築史、地理学などの著作であらわれ、やがて歴史学の論考へと浸透した。フランスにおいても、早くから都市空間が論及の対象とされたのは地理学や社会学においてであり、歴史研究者が本格的に関心をいだいたのはせいぜい一九八〇年代であることは、中野隆生編『都市空間の社会史　日本とフランス』の序論(「近代都市史研究における日仏比較の可能性」山川出版社、二〇〇四年)で記したとおりである。したがって、空間という側面から都市に接近しようとするとき、いったん立ちどまって地理学や建築学の空間のとらえ方に注目することは、無駄な行為ではないはずである。以下では、地理学の省察を手掛かりとしながら、本書で都市空間と呼ぶものの特質と限界を考えてみたい。なお、序章については、1と3を中野隆生が、2を成田龍一が担当し、そのうえで、若干の調整をおこなった。

都市空間の前に空間から始めたほうがいいだろう。筆者のみるところ、現代の地理学にとっても空間の定義はなかなか難しいらしい。歴史学と同じように、地理学は一九八〇年代から大きな変化を経験し、空間についても概念的な再検討を迫られた。ところが、多くの研究者はあえて定義することを避け、たとえ定義を試みても立場によってとらえ方が違い、しかも多義的なものとなることがしばしばであった。

こうした事情を踏まえたうえで一つの定義を引けば、「距離によってつくられる現実と現実を結ぶさまざまな関係の総和に対応した社会の一側面」ということになる。その空間的側面は、分節化された社会の主要な側面として、経済的側面、社会的側面、政治的側面、時間的側面、個的側面とともに数えあげられる。事物と事物を関連づける距離は人間生活にとって大きな意味をもつから、人は距離をめぐる戦略、行為、イデオロギー、テクノロジー、知を構築するが、これらの事柄とそれがおかれたコンテクストを対象としつつ、物質的、非物質的、観念的な形態をとる諸関係の総和としての空間に対する接近が企てられる。あらゆる空間には観念的領域と物質的領域があって、複雑に絡み合いつつ相互に作用し合っている。客観的に認知される空間の物質的側面と人は不可避的に関係をもつが、この物質的側面に緊密に結びついて観念的な側面が存在している。後者は、人びとが思い描いて認知し表現した空間、要するに表象された空間である。[2] また、非物質的な空間としては、物質的でもなく観念的でもないテレコミュニケーションの世界とそれにまつわる事物が想定されている。それぞれ固有の尺度を備えた空間は、また、政治的なもの、経済的なもの、社会的なものといった社会の他の側面にかかわる実体をともなうが、歴史学は、これら実体との関連において空間を検討の対象にするのである。[3]

都市空間へ目を転じよう。一九八〇年代以降、日本やフランスでは現実の都市空間が根源的で急速な変容を経験した。大局的にいえば、これは二十世紀の後半に加速された全地球規模の都市化のなかで生じた現象であったが、その結果、都市を都市たらしめてきた古典的基準があらゆるレヴェルで動揺し、明確な境界によって外部の農村と区画され対峙する連続的空間という伝統的な都市像は覆された。かつてほぼ一致するとみなされた都市と都市的な広がりのあいだには大きなずれがあると、いまや認識せざるをえなくなっているのである。[4]

どうしても相対的になるが、地理学にとっての都市空間は、例えば、社会を形成するものが非都市域よりも多様かつ高密度で併存しているところと定義される。つまり、都市域には、社会を構成する物質的、非物質的な要素がより多くより多様に集まるというのである。[5]都市空間を人は自らの能力、必要性、イデオロギーに応じてつくるが、その反面で、人は都市空間によって変容を強いられると付け加えられもする。[6]

現実の都市的広がりは、どのように画されてきたのだろうか。ただちに思いつくのは行政上の境界で区画される市域をベースとして都市的な広がりを定めるやり方である。ところが、行政上の市域と都市的広がりは食い違っており、都市的広がりが市域を越えることも、市域の内部に都市的ではない空間が広がることも珍しくない。第二に、高い人口密度と大きな人口増加率を基準にして都市的広がりが画される場合がある。第三に、就労人口中に占める非農業就労者の比率を考慮する考え方があり、例えばアメリカ合衆国やインドでは七五%を超えるところが都市的な広がりと認められる。ただし、通例、人口の密度や増加率、そして就労者比率は、行政区画ごとのデータをもとに算定されるから、第一の方法のヴァリエーションとみることができる。第四に、建築物の続く連続的空間をもって都市的広がりとする見方が採用されてきた。この場合には行政区画に拘束されはしないが、鉄道の沿線などに散在する都心から離れた居住街区をどう扱うかといった問題がないわけではない。いま一つ、通勤、通学など日常的な移動の範囲が都市的な広がりととらえる方法もあるが、主観性をまぬがれないという批判がつきまとっている。[7]

これら五つの指標によって画定される都市空間を、地理学的定義との関係において、あえて整理すればつぎのようになろうか。あらゆる空間が物質的なものと観念的なものが混じり合っていることを前提にしていえば、もっとも物質的な側面にそくしているのは、建築物に注目する第四の指標でとらえられる空間である(フルコー「炸裂する都市空間の一世紀」の図2・5)。市町村の領域など制度的、行政的に画定される広がりも、物質性の優越する空間とみなすことができる。したがって、行政区画単位のデータに頼る二つのヴァリエーションも、やはりまず物質的な空間をあらわすことになろう(高岡「都市大阪の空間的拡大と都市政策」の図2・4、ブラン＝シャレアール「パリの外国人空間、過去と現在」の図3)。これに対して、人びとの日常的移動をベースにした五番目の指標では、むしろ表象された観念的な広がりが重みを加える。ところで、建築物や都市の設計、建設のために建築家や都市計画家は設計図や計画図を作成するが、そこには表象された空間が示されるものである。同様のことは、都市政策の策定にかかわる行政官や政治家の提出する草案にもあてはまり、必要なら観念性の強い都市や街区の空間が描き出されるであろう(高岡「都市大阪の空間的拡大と都市政策」の図5〜11)。現実に生活を営む人びとによってイメージされる街区などの都市的な空間がすぐれて観念的な領域に属することはいうまでもないが、しかし、いったん住民組織が立ちあらわれれば、空間の物質性が前面に出てくることになる。

なお、これらの指標では、情報や通信のネットワークをベースとした非物質的な空間が正面から扱われてはいない。いまや田園風景のなかでも都市的な暮らしが可能であることを見据えれば、こうした空間をいずれ都市史が本格的に扱うこともあろうが、当面、都市史研究は、情報・通信の網の目が都市空間といかなる関係を結ぶかを問うにとどまっている。

本書におさめた七論文にとって、物質的なものとしての空間は例外なく検討の対象である。また、ここまでの議論からすれば当然ではあるが、空間の観念的な側面についても、民衆の思いや行動や組織、行政の担い手の思惑や施策などにそくして、すべての論考において言及される。ただ、すぐれて非物質的な空間が論じられることはほとんどない。

都市における物質的な空間のなかで建築的なものと行政制度的なものが一致しないことは、市域と都市的広がりの食い違いを確認するなかで強調しておいた。物質的な空間と観念的な空間のあいだの緊張については繰り返し述べた通りであり、例えばブラン＝シャレアール「パリの外国人空間、過去と現在」の図2にはそうした両者の食い違いが示唆されている。また、表象された空間といっても、政策の担当者がつくる計画や構想における空間と、生活レヴェルで共有される空間が、完全に一致することはほとんどありえない。このように、都市空間といっても、さまざまな質の側面が混じり合い絡まり合って、幾重にも食い違っている。こうした事情を不断に意識しながら空間を読み解き、政治的なもの、経済的なもの、社会的なものなどと関連させて追究していくことが、都市を扱う歴史研究には不可避的に求められるのである。[8]

さて、本書におさめた各論考が検討する時代と都市・地域はほぼつぎのようになっている。日本の都市を扱ったものから示すと、

大岡「東京の都市空間と民衆生活」……一八七二〜一九一四年、東京

高岡「都市大阪の空間的拡大と都市政策」……一九一〇～五五年、大阪とその郊外
外村「戦間期日本の都市における日本人と朝鮮人」……一九一〇～四〇年代初め、大阪・東京

フランス関係の四論文はすべてパリとその地方を論じる。ただ、パリ地方がパリと郊外に大別され、さらにパリは中心部と周縁域に区分されることもあるから注意してほしい。

フォール「パリにおける産業雇用と労働者住居」……一八六〇～一九一四年、パリの中心部・周縁域とその郊外
フルコー「炸裂する都市空間の一世紀」……一八六〇～一九七〇年代、パリの郊外
ブラン＝シャレアール「パリ地方の外国人」……一八七〇～一九四〇年、パリとその郊外
ブラン＝シャレアール「パリの外国人空間、過去と現在」……一八八〇～一九九九年、パリ

こうしてみると、おおよそ十九世紀末から第二次世界大戦前夜の、ほぼ二十世紀前半にあたる時期に本書の重点がおかれていることに気づくだろう。それはまさに都市空間が本格的に拡大し始めた時代であった。つまるところ、そうした時代の大都市を都市空間と民衆に着目して縦横に論じようとするのである。では、本書所収の諸論文は近代都市史研究のなかでいかなる位置を占めるのか。また、これらの論文を通すと研究の現状はどうみえるのか。こうした問いを念頭におきつつ、2では日本に関する三つの論考について、3においてはフランスを扱う四論文をめぐって、若干の考察と紹介を試みることにしたい。

2 日本 「都市空間」への認識の推移

近代日本を対象とする都市史研究が、一九七〇年頃から、地域史研究からの自立をはたしつつ登場してきたこと、そこでは、社会経済史的な視角からの都市史研究と、「生きられた都市」の歴史的考察という二つの方向をあわせもつこと、さらに、両者を含む都市史研究が、一九八〇年代には、歴史学研究における「空間」の発見として自覚的に追求されていったこと——近代日本都市史研究をめぐるこれらの論点については、機会を与えられるごとに指摘をおこなってきた。[9]

一九九〇年代には、こうした議論を主導してきた論者の著作がまとまり、近代日本都市史研究が豊かに成熟していくはずであった。実際、後述するようにセカンド・ステージ[10]を担った著作がつぎつぎに刊行された。だが、一九九〇年代には、併行して、新たな都市への把握がみられるようになった。都市の空間性を自明のものとし、都市空間より、都市でのできごとに着目する姿勢である。再び、地域としての都市が認識され設定されてきた、といってもよい。

例えば、そうした例として、一九九八年から刊行されている首都圏形成史研究会のメンバーによる「首都圏史叢書」[11]や、源川真希『近現代日本の地域政治構造』(日本経済評論社、二〇〇一年)などをあげることができよう。これらの著作は、おおむね農村部と対比するかたちで都市部を設定し、できごとが生起する地域の事例として、都市部をとりあげるという発想となっている。前者は、首都圏の「地域政治」や「政治史」を扱い、都市部の地域開発の要因としての軍隊に着目している。また、後者は、地域政治の構造の様相を考察するときに、農村を「主な対象」とするが、都市にも目を向けたいとしている。

一九七〇年代以前に地域といったときに、農村が対象となることが自明であったことからみれば、近年はかかるかたちで都市が扱われ、都市史研究の成果が盛り込まれているといえよう。このことは、一九八〇年代の都市史研究が、都市史の自立を訴えるあまり、都市と都市空間の固有性をいささか過度に強調し、都市と農村の差異を強調した対比をおこなったことへの修正の要求でもあろう。一九八〇年代の研究との距離のとり方は強弱があるが、都市部と農村部という言い方のもとに、都市史研究の成果を入れ込み、そのことにより、都市にも目配りがされ、都市史研究が拡大している状況なのであろう。

だが、このように都市史研究が認知されるとともに、都市史研究の固有性であった(少なくとも、一九八〇年代には焦点となっていた)都市空間の考察には、近年は、さして関心がはらわれなくなっている。都市の空間性を自明とし、その次元には注意がはらわれない。都市史研究のありようをめぐる転回と、その焦点の一つとして、空間をめぐる認識の差異がみられるというのが、二〇〇〇年における都市史研究の状況であろう。まずは、一九九〇年代の都市史研究を概観してみよう。

一九八〇年代に、近代日本の都市史研究のセカンド・ステージをかたちづくった歴史家たちの著作には、空間の視点が刻印されている。いずれも、著作としてまとめられ刊行されたのは、一九九〇年代にはいってからであるが、例えば、石塚裕道『日本近代都市論』(東京大学出版会、一九九一年)は、「地域史—都市史

―民衆史のタテ軸に、東京―川崎―横浜の地域空間というヨコ軸をからめ、関連諸都市も含めて東京の歴史像を明らかにしようとした」としている。近代形成期から展開期の東京の都市空間を対象とし、資本主義の拠点と政治的中心・首都としての視角から分析をするが、序章に「一〇〇〇万都市東京の発足」、終章に「日本近代都市史研究の課題と方法」をおき、本論は「首都東京、その「脱亜入欧」の道」(第1章)、「世紀末東京の都市空間」(第2章)、「資本主義・都市問題・民衆生活」(第3章)、「首都東京と京浜工業地帯」(第4章)とされている。

東京空間の近代的な編成が、経済的な要素と政治的な要素とによって推進されたこと、しかし、そのときに「上から」の街づくり=都市形成がさまざまな都市問題を引き起こしていくという認識のもとに叙述=分析がなされた。注目すべきは、都市問題が東京における資本主義そのものによって引き起こされるのではなく、資本主義=都市形成のされ方に起因しているという認識で、都市近代の歪《ひず》みゆえの都市問題という立場を示していることである。歴史学における空間認識は、近代そのものではなく、近代化のされ方に問題を設定することがしばしばであった。

北原糸子『都市と貧困の社会史――江戸から東京へ』(吉川弘文館、一九九五年)も、「貧困」という都市問題に視点をすえた都市空間の歴史的分析である。北原は、十八世紀半ばの近世中期から十九世紀半ばの近代初期の江戸―東京の都市空間を、飢饉や下層社会などの都市問題とその対策としての施行、社会医療=施療や授産をとりあげ、考察している。明治維新の時期を対象とし、「政治的変革や体制的転換を直接分析するのではなく、むしろ、人びとの具体的生活次元でそれがどういう形を取って現われるかを問うという」方法をとる。すなわち、政治的空間に対し、社会的・生活的空間を設定し、そこを分析対象としている。ここでも対象は「都市問題」であり、近世期の「前期的都市問題」がいかに、近代の「古典的都市問題」へ転換していくかを問題意識の中心にすえている。近代的な都市空間が、いかなる空間から、いかにして形成されたかが、歴史学の空間分析では扱われ、都市問題を視点とし、近世―近代の空間の、連続／非連続が分析される。

こうした関心を、大阪を対象に都市政治史を考察した、原田敬一『日本近代都市史研究』(思文閣出版、一九九七年)も共有している。原田は近代都市史研究の方法的な考察をおこなうなか、近代都市が資本主義という「新しい生産関係」により「上から」つくられていく「利益社会」であるとし、「都市支配」という分析概念を提出する。行政、自治、あるいは選挙を都市空間の支配システムと把握し、都市名望家による「合意」＝話し合いの都市支配(「予選体制」と原田は名づけている)を明らかにする。また、下層社会に対しては衛生組合などによって、都市名望家が「監視」し排斥しつつ、ハードな支配をおこない、「同意」をとりつけていることも指摘している。近世の都市空間は「擬似共同体的に編成された社会」であり、その空間が利益社会として「個を主体とした社会編成」に変遷することを明らかにし、二つの社会空間が切断されていることをいい、個別の利益を超越していることを装う「公共」の概念＝空間が誕生することを論ずるのである。

近代都市空間の形成期を対象とするこれらの研究に対し、芝村篤樹『日本近代都市の成立』(松籟社、一九九八年)は、「一九二〇・三〇年代の大阪」(副題)を扱う。第一次世界大戦による大都市・大阪の変化を、行政構造、都市改造、デモクラシーなどの観点から解析し、名市長といわれた関一の市政を考察する。一九七〇年代の半ばからの論文がおさめられているが、当初は大阪を対象としつつ、都市史としての自覚は明確ではなく、「大正デモクラシー研究の一環」と考えていたと述懐しているが、その芝村にして、序章に「日本近代都市史研究の現状と課題」を付している。一九八〇〜九〇年代の都市史研究の自立に立ち会った研究は、それぞれに都市史研究の意義と方法を開示していったといいうる。

空間という観点に敏感なのは原田で、近代都市史の史料として、行政文書、新聞・雑誌とともに、「空間」(現場)そのものをあげている。「現場主義」の必要をいい、「都市探検」を説く——「都市史は、人々の生活そのものの歴史であり、そこに人々の期待や要求が表現されている」。そして、近代日本の都市史研究の成果を検討するなかで、「空間」を強調し、都市—都市、都市—農山漁村の関連のなかで、都市システムを「開放的」に考察することを論じている。

こうした動向の一つの集約点が、成田龍一編『都市と民衆』(吉川弘文館、一九九三年)で、一二本の論稿によって近代日本の都市空間の問題視的な概観を試みる。総説である「近代都市と民衆」(成田)では、国民国家に包摂される都市空間の変遷を三つの時期に区分し、空間の均一性と重層性を視点として、「形成」—「展開」—「制度化」の過程を追った。ここでは、都市空間を一つのシステムとして把握し、共時性をもち世界的規定性のもとで展開することを具体的に跡づけた。また、「都市問題」や「都市社会運動」「都市政策」にも言及し、都市空間における「中心」と「周縁」、「上層」/「下層」といった論点を盛り込んだ。

また、同様の論点を提示しつつ、通時的叙述をおこなった著作として、鈴木博之『日本の近代10　都市へ』(中央公論新社、一九九九年)も刊行された。[12] 鈴木は「都市における近代とはなにか」を問い、建築を入口にし、時間意識・空間意識を解析し、江戸の都市形成が水平性をもち、モザイク状を示すのに対し、ヨーロッパでは、建築も都市も垂直性を示し、中心/周縁からなることをいう。江戸の町が、明治政府の占領によって〈読み替え〉がおこなわれる過程は、それを江戸の遺産の「食い潰し」と「転用」とし、改造や構造化は関東大震災の復興計画がなされる一九二〇年代後半以降となることを指摘し、この時期までは、政府の大規模施設は、従来の大名屋敷の「転用」であり、「公園」も寺院境内が定められるなど「転用」がもっぱらであるとする。また、意味や記憶をもった土地=空間として物語が紡ぎだされ、彰義隊が上野寛永寺に立てこもり、その上野の山に西郷隆盛の銅像が立てられることなども一つひとつ意味=物語があるとする。

しかし、地番も町名もなかった武家地が、町人地と同様に整理され東京の土地が画一化・均一化され、関東大震災の復興過程にはじめて、東京の都市構造に変化がみられ、さまざまにあった土地の意味が喪失し、一元化された空間となっていくことに着目する。これは、空間と場所とは、概念が異なるという主張でもある。

鈴木はこのように、近代化=画一化の視点から、東京=「首都」を論じるとともに、京都の琵琶湖疏水計画、大阪の盛り場の形成や私鉄資本による郊外宅地開発など、関西の都市の「近代」を論じ、「東」/「西」という軸でも、都市=空間を論じてみせる。同時に、鈴木がここで叙述するのは、都市を管理する制度や都市政策、都市計画ではなく、都市を所有するもの＝土地所有者に照準をあてての歴史過程である。東京の土地所有を、形態的特性の観点から「集中型大土地所有」「集積型大土地所有」「小規模土地所有」とし、それぞれの経営的特性を、「都市・住宅地開発」「貸地経営」「貸家経営」と分節し、都市における土地所有と経営にメスを入れる。民衆運動を入れ込んだ動態的な分析こそされないが、中心／周縁、東／西など多元的な軸と、東京・大阪・京都のほか、あちこちの都市の事例をあげる多様な例証によって、近代都市の歴史過程が描き出された。

こうした空間論の観点からの都市史研究の問題提起に対し、「そう目新しいことはない」といい、都市史研究の新段階への否定的な見解がある（大石嘉一郎「近代都市史研究の視角と課題」『研究所年報』11、一九九四年）。大石と金澤史男が編集した「地方都市」を対象とする論集『近代日本都市史研究――地方都市からの再構成』（日本経済評論社、二〇〇三年）は、そうした研究史認識からの都市史の考察の集成である。[13] 考慮すべきことは、いったん手放されたようにみえる空間としての都市を、いかにして、できごとと構造の観点による都市分析と接合させうるか、ということではなかろうか。一九九〇年代にすれ違った、二様の都市史研究を、あらためて豊かな都市史研究として再認識する一つの可能性が、ここにあるように思われる。

こうした観点に立つとき、長年の調査に基づく通時的な考察として提供された都市政治史研究である、大西比呂志『横浜市政史の研究――近代都市における政党と官僚』（有隣堂、二〇〇四年）や、櫻井良樹『帝都東京の近代政治史――市政運営と地域政治』（日本経済評論社、二〇〇三年）も、都市を対象とした政治史という以上の射程で読むことが可能となる。両著とも、事例として都市がとりあげられ、精緻な分析がなされるのであるが、都市型の選挙に着目し、都市内の社会集団をとりあげ、都市政策の観点を盛り込んでおり、地域としての都市にとどまらぬ、都市のもつ固有性に接近している。都市史研究としての内実を豊かにするとともに、空間の政治支配の特徴を、それぞれの都市の歴史的状況に応じて展開していることが明らかにされている。

また、大門正克『民衆の教育経験――農村と都市の子ども』（青木書店、二〇〇〇年）のように、教育という社会移動の回路を通じて、農村と都市を連結させようという試みが提出される。とくに戦時期になると、さまざまな領域において、都市―農村の関係が問われ、「〈都市と農村〉再考」という副題を掲げた、黒川みどり「地域・疎開・配給」（『岩波講座　アジア・太平洋戦争』6、岩波書店、二〇〇六年）は、その点を主題とした考察をおこなっている。大門も黒川も、「移動」に着目し、「農村」と「都市」を設定しながら、それぞれが固定化し完結した地域＝空間とはなりえないことを、遂行的に明らかにしている。

ここでは、農村社会、都市社会という用語と概念が用いられているが、農村と都市の関連性を探りつつ、農村と都市が、相互に入れ子のような状態になっていること――農村と都市という実在よりは、空間のなかに農村性と都市性といった要因が入り込むことが示唆されている。空間という概念を導入することが、農村と都市を考察するとき、移動を視野に入れるときに、効力を発揮する。

また、大門も黒川も、定住者と移動者の非対称的な関係や、障害者、在日朝鮮人らマイノリティの存在を強調している。いうまでもなく、都市とともに、農村も空間であり、多様な社会集団が存在し、構造と仕組みを有しており、その観点に立つとき、差異の集団の存在が構造的に明らかにされ、不利益が集中する人びとが視野に入れられる。農村と都市を対比する単純な地域論に還元せずに、農村分析と都市分析の緊張感を内容的・方法的にもち、追求する議論が、農村に軸足をおいていた大門や黒川のような論者から出されるが、ここにも空間を読み込むことができきうる。

さらに、「日本」の範囲を超えた空間も扱われる。橋谷弘『帝国日本と植民地都市』(吉川弘文館、二〇〇四年)は、植民地都市をその形成のされ方によって類型化し、神社と遊郭を有する形態的な特徴をあげ、「解放」後の今との「「遺産」と「断絶」」をいう。これまで、都市計画の越沢明による、「満州」の都市計画に関する研究(『満州国の首都計画――東京の現在と未来を問う』日本経済評論社、一九八八年。『哈爾浜の都市計画――一八九八―一九四五』総和社、一九八九年)が出されていたが、橋谷は、大日本帝国の植民地都市に視野を拡大し、空間的な要因として「日本が持ち込んだ西洋」の評価――植民地的近代の論点に直面している。

こうしたなかで、本書に収録された論考――高岡裕之、大岡聡、外村大の三論文は、それぞれ、事例としての近代日本の都市でのできごとや都市の構造を、都市史の方法や認識と結びつけ、都市におけるできごと・構造と都市空間を再び接続させる試みを試みている。

高岡が注目するのは「郊外」である。都市空間の拡大としての「郊外」は、都市の制度と人びとの活動とのずれであり、そのことが日立ってくる一九二〇年代から四〇年代にかけての大阪をとりあげ、都市問題としての郊外を、都市政策や住民意識との関連を通じて考察する。高岡の認識は、都市社会の次元を空間的にとりだすことにある。市制施行の一八八〇年代半ば以降、東京の三つの「町」をとりあげ考察する、大岡の問題意識も同様である。大岡が着目するのは、「町」という空間であり、近代の「町」組織をたどることにより、都市空間の推移を解明する。

他方、外村は、空間に異質な社会集団が入り込む認識の発生に目を向ける。東京の定住者は、植民地からの朝鮮人の移住者を他者とし、外部の集団とする認識をもち、空間における差別と排除のできごとが、構造化されていく局面が分析されている。都市空間が国内で完結しない、帝国の空間の考察であり、一九一〇年から戦時にかけての都市空間が考察の対象とされている。外村は、大岡が描いた「町」組織の定住者の認識と表裏をなす空間のありようを描き出しており、帝国のもとでの都市社会論——都市空間のありようを論じている。

このように、都市史研究において、空間の再導入には、(1)社会集団への着目、(2)都市政策や都市の制度との関連、(3)移動と混住の観点からの接近がみられる。また、(4)均一的で一元的な空間ではなく、空間内の対立や分裂に着目している。考察の対象としては、東京、大阪といった大都市が選択されており、「地方都市」と東京、大阪とでは差異があるのは確かであるが、そのことをどのように問題化するかは、こうした実証の積み上げのうえになされよう。

一九八〇年代の都市史研究と、それ以降の都市史研究との問題意識と方法、認識の落差が明らかになるのは、一九九〇年代を通じてであった。この時期には、深刻化するグローバリゼイションによる空間の変容がみられ、東京をはじめ、「地方都市」のいずれもが大きな変化を体験した。この変化をいかに認識するかが、都市史研究の差異に影響を与えていよう。どのように都市空間を再導入するかの立場から整理をしてみたが、議論は、さらに空間論の諸類型に進まなくてはならないであろう。帝国論との関連、要塞都市論、地下都市論など、局地的に出されている論点や考察を、いかに空間論として把握しうるのか。近代日本都市史研究を空間の観点から考察するときに、課題は多い。

3　フランス　十九～二十世紀のパリと都市社会史

一九八〇年代に近代都市史研究が新たな研究領域として確立したこと、それを中心的に担ったのが社会運動史から都市史に参入してきた研究者であったこと、したがって都市社会史の色彩をおびたこと、こうしたフランス近代都市史をめぐる基本的事実は『都市空間の社会史　日本とフランス』の序論で確認しておいた。ここでは、本書のフランス関係の諸論文にそくしながら、あらためて研究の現状について考えてみようと思う。なお、地方産業都市に関する研究も無視しがたい蓄積を有するが、ここではパリとその郊外を扱ったものに限定して論じることとする。

十九世紀のパリを扱った都市史研究においては三つほどのテーマが焦点をなしてきた。まず、復古王政と七月王政のもとでの都市民衆の生活世界を解明しようとする研究があげられる。不断に一八四八年をはじめとした社会革命との関連が意識され、民衆にそくした支配階層の社会問題の認識、街区を基盤とし共同性をおびる民衆の自律的生活世界などが明らかにされてきた。[14] ここで醸成された十九世紀の民衆世界のイメージは、今でも一般に通用しているのではなかろうか。

二番目のテーマとして、第二帝政期における首都パリの大改造を指摘しよう。経済的な好景気の時期にあたる第二帝政は、ブルジョワ的近代が根づいた時代として注目されてきたが、その中核には皇帝ナポレオン三世の意を受けてセーヌ県知事オスマンの主導したパリ改造が重要な位置を占めていた。首都パリの改造は、都心に手をつけた大規模な事業であっただけに、歴史家のみならず、建築家、都市計画家、美術史家などの関心を集め、その解明にはイギリスやアメリカの研究者による貢献も顕著であった。[15]

パリ改造とそれにともなう一八六〇年の市域拡張は、民衆に都心から合併諸区へ移ることを強い、彼らの生活や社会的結びつきを根深いところで変質させたが、こうした側面を解き明かす作業は一八七〇年代に確立した第三共和政期に重心をおきながら、編入地域に都心から移り住んだ人びとや、国内各地や外国からの移入民を視野にいれて展開された。十九世紀パリ史にとって重要な第三のテーマである。[16] これに関連して、建築史や都市計画史からする都市空間の解明が進められ、[17] 公衆衛生などの施策への照射がおこなわれたことを付言しよう。[18] ともあれ、十九世紀末までにパリの市域はほぼ建築物で埋めつくされ飽和状態に達した。しかし、パリ地方への人口流入はやまず、都市域は大きく市壁を越えて広がり、幾重にも市域を取り囲んで郊外が形成されていく。

以上、十九世紀から第一次世界大戦前夜までのパリに関する都市社会史の動向を整理してみたが、この分野で第一人者というべき地位にあるアラン・フォールは、主要な関心を都市民衆へ寄せつつ、多角的なアプローチを駆使して都市パリに迫り、上記した三テーマのすべてについて著書や論文を公表している。[19]近年では、街区と住宅を軸にした都市空間を重視しつつ、十九世紀民衆世界の歴史像を再検討する志向性を明確にしている。本書の「パリにおける産業雇用と労働者住居」でもそうしたヴェクトルにそって、職住が一致ないし近接し共同体的な性格が強かったという民衆世界像や、十九世紀末における交通機関の整備と関連した労働者通勤のイメージなどが再考に付される。

二十世紀都市史研究に目を転じたいが、その前に第一次世界大戦以降のフランス史の流れを必要な限りで概観しよう。第一次世界大戦を乗り切った第三共和政は、戦後の混乱とそれに続く経済的繁栄の一九二〇年代、大恐慌とナチズムの危機に見舞われた三〇年代をへて、第二次世界大戦の勃発直後まで存続したが、対ドイツ戦争の敗北とドイツ軍による占領支配を経験するなかで、ヴィシー政権にとってかわられた。ドイツの降伏で終わりを告げた第二次世界大戦の戦後復興は、アメリカの経済的支援を得て第四共和政のもとで軌道に乗った。しかし、アルジェリア植民地の独立をめぐって混乱に陥ったためにド・ゴールの辣《らつ》腕《わん》に頼ることになり、彼は大統領権限を強化した第五共和政を樹立させて事態の打開に成功した。この間、一九四〇年代半ばから第一次オイル・ショックの七三年頃まで、フランス経済は「栄光の三〇年」と称される好景気を謳歌し、これが国民のまとまりを保つ効果を発揮したが、その一方でヨーロッパ以外の地域を含めて外国から大勢の移民を迎え入れた。オイル・ショックは他の先進国と同様にフランスの経済環境を劇的に変化させ、構造的な不況が深まって失業者も増加した。長く経済成長を底辺で支えてきた移民たちは不況の波に瞬く間に飲み込まれただけでなく、自分たちの職を奪う存在としてフランス人から敵視されるような状況におかれた。他方で、フランス国籍をもつ子弟を中心に移民たちの自己主張の声があがるようになった。以後、冷戦の終焉とグローバリゼイションの本格的展開、ヨーロッパ統合の進展と停滞などと絡みながら、社会党出身のミッテラン大統領と保守派のシラク大統領のもとで、三度にわたって保革共存状態《コアビタシオン》が現出し、共産党の著しい後退や極右、国民戦線の台頭といった政治諸勢力の盛衰が生じた。そうしたなかで、移民の処遇はフランスにとって深刻な課題であり続け、しかも、つねに都市や住宅のさまざまな問題と連動してきたのである。

さて、二十世紀パリを対象とする都市社会史の現状である。[20] 地理学で空間概念の問い直しが始まっていた一九八〇年代、近代都市史研究における焦点は、パリ地方を中心とした郊外の形成と展開に合わされていた。急速に変化する現実の都市を眺めつつ、歴史家たちは都市空間をめぐる方法的省察を積み重ね、そうした省察を踏まえて、流動性を増した人びとの移動や行動、社会的諸関係や思いへ接近する可能性を切り開こうとした。

両大戦間期の郊外に関する研究は、その端緒において、首都を取り巻くような「赤いベルト」（すなわち共産党が握る市町村が織り成すベルト地帯）をめぐって、なぜそうしたイメージが生まれたのか、いかなる社会が背後に横たわるのかといった設問を自らに課した。そこから、共産党や社会党の活動と基盤、人口の動向、住宅をめぐる施策など、多様な史実が照らし出され、なかでも、郊外における住宅の実態と、住民たちの構成や社会的結合《ソシアビリテ》には枢要な位置が認められた。[21] 公的性格を有する住宅も田園都市などで建設されたが、[22] その数は極めて少なかったから、圧倒的多数の人びとは民間分譲宅地などに自らの住まいを見出すしかなかった。こうした民間分譲宅地の実態をパリ地方という空間的スケールでとらえたアニー・フルコーは、そこから人びとの築いた生活世界に肉薄し、当該市町村の施策と住民の関係を解き明かしていった。[23] また、フルコーは一貫して郊外研究を統括すべき立場にあり、現在でも第二次世界大戦後の団地へ重心を移して共同研究をリードしている。本書におさめた論考では、両大戦間期に広く展開した戸建て分譲宅地と第二次世界大戦後の「栄光の三〇年」に誕生した団地を対照させながら、それぞれの特質を析出し、長期的流れのなかに位置づけてみせる。いまや厚い蓄積を誇る郊外研究の到達した地平が、そのようにして、総括的に提示されるのである。[24]

郊外研究とは対照的に、二十世紀のパリの市域を扱う都市史研究の現状はまったく不十分な状態にある。たしかに、政治家、選挙、議会などを対象にした研究は少なくない。[25] しかし、膨大な史料に挑む社会史的研究は、アントワーヌ・プロの第一八区の住民分析[26]など、わずかしかなく、建築的な都市空間、例えば住宅の実態を把握する作業も、歴史研究としてはないに等しい。そうしたなかで、マリ゠クロード・ブラン゠シャレアールに代表される移民史研究は、パリに関する情報の欠如を部分的に埋め合わせる役割をはたしている。本書所収のブラン゠シャレアール論文二本も、ノジャン゠シュル゠マルヌなどパリ隣接の郊外とともに、フォブール・サン゠タントワーヌ、ベルヴィルといったパリの民衆街区に言及し、パリの居住環境やコミュニティについての貴重な示唆を与えてくれる。とくに「栄光の三〇年」から二十世紀末までを追う論文(「パリの外国人空間、過去と現在」)からは、いまや非ヨーロッパ系が中心をなす移民の居住空間が鮮やかにみえてこないだろうか。また、領域《テリトワール》という地理学的概念を駆使して居住地区と社会集団を関連づけ、移民を受け入れる社会の変化を浮き彫りにするところにも、彼女の本領は発揮されている。もちろん、移民の歴史は都市の枠組みにはおさまりきれない幾多の要素を孕んでおり、パリ地方への移民の流入、定着、統合といった視角からの接近はそのほんの一部をとらえうるにすぎないけれども。[27]

パリという空間を表象という視角からとらえる試みが、このところ着実に重みを増し、二十世紀のパリ像の構築という点で注目に値する。筆者のみるところ、この種の研究は三つに大別できる。まず、民衆に光をあてる都市社会史的潮流において、民衆とその社会をめぐるイメージを読み解く努力がはらわれている。[28]この場合、ここまで述べてきたような都市社会史的接近を補完する役割をはたしている。第二に、都市パリがいかに表象されるかを、主として当時の著作類を紐解きながら把握しようという研究が存在する。[29]また、第三に首都としてのパリのイメージをヨーロッパ諸国の首都と比較する国際的な試みがあげられる。ここではそれぞれの国の特性なども問題となるが、あるいは第二の方向のヴァリエーションとみるべきかもしれない。第二、第三のアプローチで検討される都市とその空間についての表象はたしかに二十世紀パリに迫る手掛かりを提供している。ただ、その際、都市に生きる民衆にまで達する視線をどこかで担保していなければ、都市史にとって重要な何かが欠落してしまうように思われる。[30]

以上のように、十九~二十世紀のパリとその地方を扱う歴史研究の現状は極めて偏差に満ちたありさまを示す。文字通り集中的に研究されている領域もあれば、重要性が認識されていながら手がつけられないまま残されているテーマもある。民衆の生きた都市空間に迫ろうとする本書の諸論考には、なかでも重点的に取り組まれてきた都市社会史の当面する事態が、それぞれに映し出されることになるだろう。都市空間の多様性を示唆した冒頭の省察に立ち戻っていえば、本書にあっては、建築物によって形成される物質的な空間と民衆生活で育まれる空間の表象に重点をおいて都市空間を追究しながら、民衆の生きた諸相への接近が試みられる。しかし、そのとき、どこかで制度的な空間との関係が問われ、また必要なら建築や制度にかかわる空間の形成を担う人びとの表象する空間へと視線が投げかけられるのである。

1　大西比呂志・梅田定宏編『「大東京」空間の政治史——一九二〇～三〇年代』日本経済評論社、二〇〇二年、川北稔・藤川隆男編『空間のイギリス史』山川出版社、二〇〇五年など。

2　表象については、ロジェ・シャルチエ「表象としての世界」(ジャック・ルゴフほか、二宮宏之編訳『歴史・文化・表象——アナール派と歴史人類学』岩波書店、一九九二年)を参照。

3　Jacques Lévy et Michel Lussault (dir.), *Dictionnaire de la géograhie et de l'espace des sociétés*, Paris, Belin, 2003, p.325–333; Guy Di Méo et Pascal Buléon, *L'espace social. Lecture géographique des sociétés*, Paris, Armand Colin, 2005, p.22–28; Philippe Tizon, "Qu'est-ce que le territoire ?", in Guy Di Méo (dir.), *Les territoires du quotidien*, Paris, L'Harmattan, 1996, p.17–18.

4　Jacques Lévy et Michel Lussault (dir.), *op.cit.*, p.949–950.「都市」「都市的な広がり」は、フランス語の la ville, l'urbain に対応する。「都市的な広がり」の同義語として「都市域」も用いるが、行政区画の範囲を示す「市域」とは明確に区別している。

5　*Ibid.*, p.950–951, 989.

6　Jacqueline Beaujeu-Garnier, *Géographie urbaine*, Paris, Armand Colin, 1997, p.50.

7　*Ibid.*, p.77–80.

8　日本近世都市について吉田伸之の提唱する社会=空間構造論は、本書の関心と重なるところが多い(吉田伸之

「編集に参加して」塚田孝・吉田伸之編『近世大坂の都市空間と社会構造』山川出版社、二〇〇一年)。ただし、空間的広がりが比較的安定している近世都市と空間的に急拡大する近現代都市では視座、分析、叙述などが違ってもさほど不思議ではない。

9　この点に関しては、成田龍一「近代日本都市史研究のセカンド・ステージ」(『近代都市空間の文化経験』岩波書店、二〇〇三年)を参照されたい。また、「空間論と歴史研究」(『シリーズ　人文地理学』8、朝倉書店、近刊)でも、言及しておいた。

10　近代日本都市史研究において、一九七〇年代の離陸期を第一ステージとするとき、一九八〇年代の展開期をセカンド・ステージと把握することが可能であり、この時期に「空間」への関心も自覚されたというのが、私の見解である(前掲「近代日本都市史研究のセカンド・ステージ」)。

11　日本経済評論社より、現在までのところ、四冊が刊行されている。

12　シリーズ「日本の近代」(全一六巻、一九九八〜二〇〇一年、中央公論新社)の一冊として刊行された。こうしたなかにも、都市史研究がすっかり定着した様相をみることができよう。

13　もっとも、他方、雑誌『江戸の思想』が「空間の表象」を特集するように(第九号、ぺりかん社、一九九八年)、空間論をさらに方法化し、歴史認識を豊かにしようとする主張もみられ、「相克」が顕現している。この点に関しては成田「日本近代都市史研究における閉塞・相克と新たな兆候」(中野隆生編『都市空間の社会史　日本とフランス』)を参照されたい。

14　Louis Chevalier, *Classes laborieuses et classes dangereuses à Paris pendant la première moitié du XIXe siècle*, Paris, Plon, 1958(ルイ・シュヴァリエ『労働階級と危険な階級——十九世紀前半のパリ』喜安朗・木下賢一・相良匡俊訳、みすず書房、一九九三年)、Alain Faure, *Paris Carême-prenant. Du carnaval à Paris au XIXe siècle*, Paris, Hachette, 1991(アラン・フォール『パリのカーニヴァル』見富尚人訳、平凡社、一九九一年)など。

15　David H. Pinkney, *Napoleon III and the Rebuilding of Paris*, Princeton, Princeton U.P., 1958; Anthony Sutcliffe, *The*

Autumn of Central Paris. The Defeat of Town Planning 1850–1970, London, Edward Arnold, 1970など。

16 まず、Gérard Jacquemet, *Belleville au XIXe siècle. Du faubourg à la ville*, Paris, Éd. de l'EHESS, 1984をあげる。

17 Jean-Louis Cohen et André Lortie, *Des fortifs au périf: Paris, les seuils de la ville*, Paris, Éd. du Pavillon de l'Arsenal et Picard, 1991; Jacques Lucan (dir.), *Paris des faubourgs. Formation. Transformation*, Paris, Éd. du Pavillon de l'Arsenal, 1996など。

18 Jeanne-Hélène Jugie, *Poubelle-Paris (1883–1896). La collecte des ordures ménagères à la fin du XIXe siècle*, Paris, Larousse, 1993など。

19 第一のテーマでは「民衆生活とカルティエ――パリ、一八六〇～一九一四年」(西岡芳彦訳)(『都市空間の社会史　日本とフランス』)、第二テーマなら「投機と社会――十九世紀パリの大土木事業」(中野隆生訳)(同書)、第三のテーマとして「彼らはいかにしてパリ人となったか――十九世紀末パリ移住民の統合をめぐって」(長井伸仁訳)(『西洋史学』第一九五号、一九九九年)があげられる。

20 アニー・フルコー「フランス二十世紀都市史――その成果と課題」(中野隆生・前田更子訳)(『都市空間の社会史　日本とフランス』)。

21 Annie Fourcaut (dir.), *Banlieue rouge 1920–1960. Années Thorez, années Gabin: archetype du populaire, banc d'essai des modernité*, Paris, Autrement, 1992; Alain Faure (dir.), *Les premiers banlieusards. Aux origines des banlieues de Paris 1860–1940*, Paris, Créaphis, 1991など。

22 田園都市については、Katherine Burlin (dir.), *La banlieue oasis. Henri Sellier et les cités-jardins 1900–1950*, Saint-Denis, P.U. de Vincennes, 1987をあげよう。中野隆生「膨張するパリとアンリ・セリエ――両大戦間期の都市空間をめぐって」『メトロポリタン史学』創刊号、二〇〇五年も参照。

23 Annie Fourcaut, *La banlieue en morceaux. La crise des lotissements défectueux en France dans l'entre-deux-guerres*, Grâne, Créaphis, 2000.

24　団地については，Frédérick Dufaux, Annie Fourcaut et Rémy Skoutelsky (dir.), *Faire l'histoire des grands ensembles. Bibliographie 1950–1980,* Lyon, ENS Éd., 2003を参照。

25　Philippe Nivet et Yvan Combeau, *Histoire politique de Paris au XXe siècle. Une histoire locale et nationale*, Paris, PUF, 2000.

26　Antoine Prost, " Structures sociales du XVIIIe arrondissement en 1936 ", in Jacques Girault (dir.), *Ouvriers en banlieue XIXe–XXe siècles*, Paris, Éd. de l'Atelier, 1998; do., " Les peoples du XVIIIe arrondissement en 1936 ", in Jean-Louis Robert et Danielle Tartakowsky (dir.), *Paris le peuple XVIIIe-XXe siècle*, Paris, Publications de la Sorbonne, 1999.

27　Marie-Claude Blanc-Chaléard, *Les Italiens dans l'Est parisien. Une histoire d'intégration (1880–1960)*, Rome, École française de Rome/ De Boccard, 2000.

28　例えば，Jean-Louis Robert et Danielle Tartakowsky (dir.), *op.cit.* は，「パリ民衆」という表象について検討する。

29　Evlyne Cohen, *Paris dans l'imaginaire national de l'entre-deux-guerres*, Paris, Publications de la Sorbonne, 1999; Claire Hancock, *Paris et Londre au XIXe siècle. Représentation dans les guides et récits de voyage*, Paris, CNRS, 2003など。

30　Christophe Charle et Daniel Roche (dir.), *Capitales culturelles, capitales symboliques. Paris et les expériences européennes*, Paris, Publications de la Sorbonne, 2002; Christophe Charle (dir.), *Capitales suropéennes et rayonnement culturel XVIIIe–XXe siècle*, Paris, Éd. Rue d'Ulm, 2004.

I

都市空間と民衆

日本

東京の都市空間と民衆生活
十九世紀末〜二十世紀初頭の「町」住民組織

大岡　聡

近代都市のなかの「町」

与えられた課題は「東京の都市空間と民衆生活」ということであったが、ここでの目的は、市制町村制施行直後（一八九〇年代〜一九〇〇年代）のいくつかの事例にそくして、「町」という空間が民衆生活にとってもった意味を考える手がかりを探ろうとすることにある。

日本の近世都市史研究においては、「町」は重要な分析対象であるが、近代都市史研究で正面から「町」を取り上げることはあまりなく、「町」に言及されるとすれば、アジア・太平洋戦争期に総力戦体制の末端地域組織として法制化された「町内会」の形成と機能を扱う場合にとどまってきた。しかし近年、都市社会学における町内会の歴史分析にも示唆を受けながら、近代都市史の分野でも「町」という空間を問題にしていく研究があらわれてきている[1]。

高岡裕之「町総代制度論――近代町内会研究の再検討」（『年報都市史研究』三号、東京大学出版会、一九九五年）は、近代都市行政と「町」の関係という視角から、近代の「町」のもつ意味の変化を検討した。そ

こでは近代都市の住民統合機能を担う組織として「町」組織がとらえられ、その段階的変容について見通しが提示された。すなわち

「町」に依存しながらその公的性格を否定してきた明治地方自治制的都市行政は、〔第一次世界大戦後に〕「町」の動揺・解体という事態を迎えることにより、逆に〝自治機関〟としての「町内会」の公的組織化を余儀なくされるに至った。〔高岡前掲〕

とし、その延長上に総力戦下に法制度化される「町内会体制」を展望した。しかし明治地方自治制のもとでも慣行として存続した「町」組織の実態や、それが第一次世界大戦後に「動揺・解体」したということの内実について検討しているわけではなかった。

ところが最近、明治後期の「町」の実態を実証的に明らかにしようとする研究に接することができた。小林丈広「京都の町組織の再編と公共的業務――清和院町を中心に」（伊藤之雄編『近代京都の改造――都市経営の起源　一八五〇～一九一八年』ミネルヴァ書房、二〇〇六年）は、一八八〇年代の「町」組織は、住民管理や徴税など市行政が遂行すべき「公共的業務」を分担していたが、その後、近代的行政の確立とともに「公共的業務」は「町」から奪われていくものの、しかしながらきめの細かい対応を必要とする衛生業務の担い手として「町」は位置付けなおされ（衛生組合の組織化）、その延長で「町」を母体とする公的な住民組織である公同組合が組織化されたとした。一方、松村敏「明治後期金沢の市行政・地域社会・住民組織」（橋本哲哉編『近代日本の地方都市――金沢／城下町から近代都市へ』日本経済評論社、二〇〇六年）は、近世の「町」が解体したあと、「町」組織は「住民が生活・営業などの必要に迫られて」自主的に組織してお

り、他方市行政が「町」組織に期待する徴税や衛生といった行政補完的な機能は不活発であったとして、「町」組織の自生性・自律性と「町」の規範の持続性を強調した。このように、市制施行後、都市の法制度のうえでは位置付けを失った「町」という空間が、住民の日常生活上、少なからず意味を持ち続けていく根拠について、「上から」の温存・組織化策を強調するか、「下から」の自生性と自律性を強調するか、二つのイメージが提出されているが、各都市の個性に負うところが大きいように思われる。

東京市における市制施行後の「町」と「町」組織については、田中重好の仮説的な像が提示されている。田中は市制が施行された一八八九年から、東京市の町会政策が始まる大正半ばまでの時期は、慣習としてのこる「町内というユニット」を基盤に「町内有志団体」の結成があいついだ時期と把握する(田中重好「町内会の歴史と分析視角」)。以下の事例分析では、田中が「町内有志団体」と命名した当該期の「町」組織のあり方(の一端)を明らかにすることになろう。その際の留意点であるが、一つには、当該期において京都の公同組合や地方都市の「町総代制」のように「町」住民を上から組織化する政策は、東京においては衛生組合を除いてなされておらず、衛生組合にしてもその活動は内実に乏しかった。当該期の「町」と行政の関係についての検討は今後の課題とし、ここでは「町」組織の組織原理や財政、活動内容の分析に限定する。二つめは前記松村論文では「中心部商業町」と「農村隣接町」を分析対象としているが、東京という都市空間の近代化においては、広大な旧武家地の「再開発」が大きな比重を占めたのであり、したがってそうした旧武家地の「町」の事例は欠かすことができない。この点にも留意したい。

1 伝統的商業地の「町」組織と「町内」 四谷区麴町十二丁目

まず、伝統的商業地の事例として四谷《よつや》区麴町《こうじまち》十二丁目を取り上げる。皇居の北西、現在のJR四谷駅西側に位置し、甲州街道に面した麴町十二丁目は、幕末期には表通りには古着商売に代表される商家が建ち並び、裏店《うらだな》には職人や振売商人などが生活をしていた場末の町人町であった(吉田伸之『巨大城下町江戸の分節構造』山川出版社、二〇〇〇年)。一八七二年現在一八一戸、人口七五〇人、一八九四年には、一七六戸(表店《おもてだな》一〇三戸、裏店七三戸)、人口七二六人であった(『町用実記録』一八九四年)。一八八六年に大火があったためか、人口に大きな変動はなかったが、明治後半になると町中央の大横町通は「商業の殷賑《いんしん》なる当区内第一等の地位を占めたり、否、其繁華なること、蓋し山の手に冠たり。毎に夜市は立ち、雑沓《ざっとう》を極む」(『新撰東京名所図会 四谷区之部』『風俗画報』臨時増刊、一九〇三年十月)とあるように、「山の手」における代表的商店街として発展し、繁華街の様相をも呈していた。一八八三年頃の地図をみると、大横町通に面したブロックで比較的大きな家屋が建ち並ぶ一方、北部のブロックでは短冊状の区画の奥に長屋とおぼしき家屋が建ち並んでいるのがわかる。なお南部のブロックは明治初年に町域に編入された元武家地で、商店や長屋の裏は畑地化している(図1)。

市制施行前後における麴町十二丁目の「町」組織に関しては、『明治町用記』『町用実記録』(一八九四年)という史料にみることができる(新宿歴史博物館蔵「野口家文書」所収)。前者には(1)「町制法事務条例総

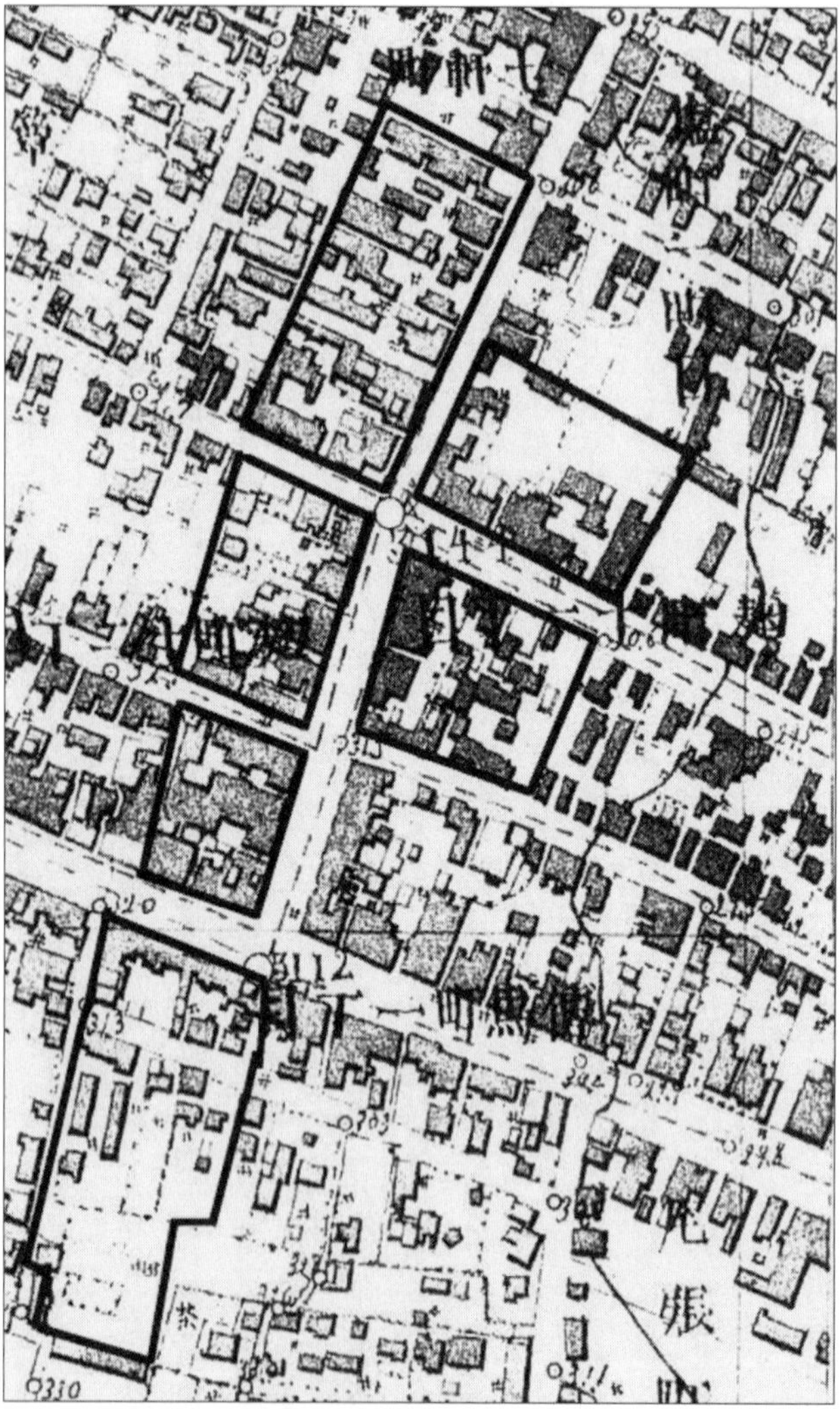

図1　1883（明治16）年の麹町12丁目（太線内）

［出典］「東京府武蔵国四谷区四谷伝馬町近傍」『五千分の一東京図測量原図』（復刻版『明治前期測量中央官衙街2000分の１彩色地図』日本地図センター 1996年）より作成。町域は『麹町12丁目町会名簿』（1927年）所収の地図より推定。

則」（一八九〇年制定）、⑵「町制事務条例決議再則《ママ》」（同）、⑶「共立集会条例」（一八九三年）という三つの町規約が収録されている（以下「総則」「再則」「条例」と略記し総称を「町制法」とする）。また後者は主として明治初年以降の「町」における費用負担や「私立消防」に関する取り決めを年代順に記録したものである。

「町制法」の「総則」冒頭には、地主月番発起人三名の連名で

我諸君ノ協会ヲ得テ町内共同ノ利益ヲ発達セシ更ニ町制法ヲ以テ地主及ヒ差配人ノ権義ヲ保護スルノ必要ヲ認メ茲ニ明治廿三年一月元来町規ヲ変更シ現有町規法ヲ拡張シ共益ノ義務ヲ遂行シ将来ノ損害ヲ避ルカ為ニ組織ス

とある。そして条文では、地主と差配人各二名が「月番」を務めることが定められ、文書の管理や町にかかわる費用の出納、会議（月番資格者の合議）の召集運営、後述の「私立消防」における月番の役割などが規定されている。近代都市の法制度上の組織として「町」が位置付けを失うなかにあっても、その「共益」にかかわる業務を、「町」組織自身が遂行していくべくこの規約がつくられたのであった。そして地主と差配人の「権義」、すなわち彼らの「町」運営における役割を再確認している。そこには「町」の土地所有者（管理者）こそが「町」の運営の中心を担うべきであるとの規範が持続している。[2]

「町制法」制定（一八九〇年二月十八日決議）の直後に、地主・差配人二四名が「協同一致連合」し、「町内全体壱百余名」の「協賛」によって「大会」が開かれた（三月八日）。この「壱百余名」は表店の戸数にほぼ相当するのであり、「町制法」は形式的ではあれ、表店商人たちの同意をえて成立したものといえるのではなかろうか。またこの過程で、市・区行政からの働きかけは史料上確認できず、「町制法」は地主・

差配による自主的な発意に基づいて制定されたものであった。つまり麹町十二丁目の「町制法」は、近世の支配＝自治組織としての「町」の制度的解体とその後の混乱を踏まえ、あらためて表店商人たちの同意のうえに（それは同時に裏店住民の排除のうえにということでもあるが）、地主・差配人に「町」運営の義務を負わせるものであったということができよう。

それでは「共益ノ義務」とは何か。「町制法」は「町内共同安全ヲ保持シ其損害ヲ避ルガ為」（第二条）とあるように消防や防犯といった「町」の安全・財産の保護のための自衛が重要な関心の対象で、「私立消防組織」に関する規定が大きな位置を占める。四谷区内では一八八六年に二五〇〇戸を消失する大火があった。そこで同年近隣一八町の連合により「四谷区私立消防」が設立された。警視庁による官設消防体制の不足を補完・分担しなければならないことも、「町」組織を維持しなければならない理由であった。[3]

「町制法」の「私立消防組織」に関する規定では、「区内出火ノ節ハ地主差配平店ヲ論セズ協同一致出場致スベキ者トス」とあるように、地主と差配人のほかに「平店」（消防組織に編成されている借地・借家人）への出動義務が規定され、消火活動にあたるほか「消防人夫」（町抱鳶《まちかかえとび》の集団であろう）を監督することになっている。注目すべきは「再則」第二一款で「地主差配世話番ヲ三種ニ分割シ一級ハ地主三名二級差配三名三級世話番三名ヲ相談員ト名称シ町制法ニ関スル諸事議決スル者トス」とあることである。「世話番」とは「平店」消防要員の役員で、「町制法に関する議事議決」とは「消防」に関する事項に限られるものと推測される。このように「私立消防」に関しては、地主・差配人以外のメンバーも「議決」に加わる規定となっている。

祭礼を執行することも「町」にとって重要な「共益」だった。第三章「鎮守日枝神社祭典正則」では天下祭の一つである山王祭における「町」の費用負担や役割分担などを規定している。祭は他の町との競争心から町をあげて取り組まれることで、「町内」の一体感や帰属意識が育まれる。しかし「若い衆」と呼ばれる「鳶」(左官)や大工など威勢の良い職人たちを中心に加熱しがちであり、また費用を出し渋る富裕層に対しては「意趣晴らし」もあった(岡本綺堂『風俗江戸東京物語』河出書房新社、二〇〇一年)。したがって「町制法」には祭礼のエネルギーの両義性をコントロールする規定が盛り込まれており、御輿《みこし》の巡行の際は地主・差配人が警護にあたるなど、祭礼の執行に関しても地主・差配人が責任をもつ体制が規定されている一方で、「山車《だし》」や「踊屋台」と呼ばれる練物《ねりもの》の決定は、「町住全体の多数に決す」ことになっていた。内実は判然としないのであるが、ここでは祭礼の意志決定に関しては「町住全体」という概念が登場していることに注目しておこう。

町内の清掃や下水の管理など衛生業務や正月の飾り付け、さらには夜店出店者の統制など、商店街としての「共益」を維持する業務は多岐にわたったものと思われるが、「町制法」には「町抱」の「鳶頭」[4]に関する規定や「臨時書記」「定使」「雑使」に対する費用規定もあり、「共益」的業務の実際は「鳶」集団に請け負わせたり、あるいは雇人におこなわせていたことがわかる。

そのほか「地所譲請又は買取候者」は二〇日以内に月番に告知するという規定や、差配人の変更の告知、差配人の権利を第三者が継承する場合に「下掃除代金上リ高二ヶ年分」を「町」に拠出することが求められているように、町内の土地売買や差配人の変更を抑制し、「町」運営の担い手の空洞化を忌避しようとしていたとみることができる。
明文化された毎月の町費負担としては、地主・差配人から集金する「小間」と「町内一般」から集める「平戸間」という二種類がある。前者は土地二〇坪につき一〜二銭の地所割で「定使」等の人件費や消防費に充当された。後者は家屋の間口一間につき一銭の負担で諸雑費に用いられた。また年に一度の日枝神社山王祭のための費用では「地価割」「所得割」で拠出額が決定された（「再則」）。そのほか憲法発布に際しての隣接五カ町と花車をつくるために、この町に割りあてられた負担金のうち地主有志（三名）、差配有志、町内有志がそれぞれ三一％、一〇％、三二％負担し、残りは町費から支出された（『町用実記録』）。総じて「町」の運営に責任を負うがゆえに地主・差配人の負担額は大きく、それも所有・経営の規模による序列に基づいて決定されていた。[5]

さて問題はこうした「町」組織を包み込んで成り立つ「町内というユニット」（田中重好）ないしは「町内」という空間における社会関係のありようである。

『明治町用記』には「地主差配に関する心得」の一節があり、そこでは結婚時の送迎や「袴羽織着用」による葬送への参加が義務づけられている。新しいメンバーを迎え、あるいは送りだす儀式は、「町内」の共同性とメンバーシップを再確認する行事として重視されていたと思われる。また「地主差配ハ兄弟ニ似《ママ》トシク何事ニ依ラス親切ニ交際スルモノトス」との規定があり、「町」の「共益」を維持する必要がある限り、構成員の「親睦」が維持・再生産されねばならなかったのである。

ただしそうした「親睦」とは、決して情緒的なものではない。日本橋の商業地住民の証言ではあるが

「ほどほどの交際で義理を重んじること、礼儀作法のやかましい町内だった」（北園孝吉『大正・日本橋本町』青蛙房、一九七八年）とあるように、関係の維持に有効な限りでの、ほどほどの「親睦」がおこなわれていたのである。その一方で「自家を守り、他者には迷惑をかけないという几帳面さの上に、お互いに悪口ばかり言っていた」（同前）のであり、「親睦」は「しがらみ」と表裏の関係にあった。『町用実記録』には一八八五年の「山王祭」の際に「五番六番四番二十四番地不熟に付除く」とあり、なんらかのトラブルが原因で月番をはずされる地主もいた（二年後にひとりは「和解届」を提出する）のであり、「町」の共同性維持には制裁をもともなっていたのはいうまでもない。

「町」組織からは裏店住民は排除されていた。「町制法」では裏店住民の役割に関しては語るところはまったくない。さきの日本橋住民の回想を参照するならば、「町」の運営ばかりでなく日常においても、表通りの商人たちと、「隣近所との濃密なつきあい」の存在する裏店住民とは「隔絶していた」のである（同前）。つまり「町内」という空間は、伝統的な規範と責任意識から生まれる地主・差配人のつながり、それらも含む表店の営業者たちのつながり、そして「町」の運営から排除された職人や小商人・雑業者たちからなる裏店のつながりと、それぞれ相対的に区別されたつながりによって構造化され、しかしながら祭礼に際してはその全体が「町住」という意識をもともなっていた。「町」という空間（あるいは「町内」というユニット）にあっては、財産と家業の永続への関心から「町」の運営にかかわろうとする者たちの〈家業の世界〉と、定住性が比較的低く、稼ぎの場を「町」の外側にもっているがゆえに「町」の運営から排除された裏店住民たちの〈稼業の世界〉に重層化されており、それぞれの「世界」の生活と営業に必要な限りで、「きずな」と「しがらみ」が再生産され、したがって「町内」も持続していく、といってもいいかもしれない。[6]

2 「新開町」の地域社会

佐竹ヶ原(下谷区竹町十二番地)

つぎに四谷区麹町十二丁目とは対照的に、明治維新以降に旧武家地から市街地化してできた「町」を取り上げよう。江戸の面積の七割近くを占めた武家地の多くは、幕府の崩壊と同時に主を失って粗放化し、人口が減少した。旧武家地は官庁、議会、裁判所、学校、軍隊、大企業、博物館などの近代的組織・施設の立地場所として転用され、山の手にはエリート層の住宅地も広がっていく。しかし旧武家地の一部はより民衆的な空間である「新開町」となっていった。[7]

下谷《したや》区竹町《たけちょう》(現在の台東区台東)は一八七二年に秋田藩佐竹家や津藩藤堂家の藩邸、その他武家屋敷跡地が合併して成立した町である。竹町のうち十二番地にあたる佐竹家藩邸跡は東京府の所有地となるも、荒廃したまま放置され佐竹ヶ原と呼ばれていた。そこでは両国広小路などで興行していた見世物、芝居、大道芸人などが営業するようになり、しだいににぎわいをみせるようになった(『風俗画報』一五五号、一八九七年十二月)。なおこの土地はのちに府から引き継いだ東京市により「下谷公園」として指定された(一八九〇年)が、公園建設はおこなわれなかった。

松原岩五郎『最暗黒の東京』(一八九三年)の「新開町」という章では佐竹ヶ原がとりあげられている。表通りには周辺の民衆を相手に営まれる飲食店や商店が連なり、路上には古着などの露店や大道芸人らが「車夫、土方、往来諸商人ら」を相手に商売をしていた。また古道具や屑物の建場(古物買取業者)や運送業者の馬小屋なども多く立地し、密買春がおこなわれる銘酒屋も存在したという。また『風俗画報』(前掲)によれば、佐竹ヶ原の商店街の裏には棟割長屋が建ち並び、「土方日雇取の類にあらねば人力挽、屑買、辻藝人、按服揉療治《あんぷくもみりょうじ》、売卜者《ばいぼくしゃ》、縁日商人」などが「隣から隣へかけて、一と筋の貧乏綱に摑まって世を渡る」とあるように、民衆が長屋の共同性に依存しながら暮らす空間であった。

佐竹ヶ原という「新開町」は、零細な商人や雑業層の営業・労働の空間であり、民衆向け娯楽・消費の空間であり、民衆の住まう空間でもあった。日露戦後には以前のような猥雑性は影をひそめたというが、露店での古着販売に特徴のある民衆相手の商店街であった。

佐竹ヶ原のような「新開町」の場合、伝統的な「町」組織は存在しないため、住民の自発的な相互協力のなかから住民組織が生まれていった。一八九二年に、初期の住民「有志」により「夜警」を目的に「自警会」が生まれた(『大東京自治半世紀』日出新聞社、一九三九年)。また同年暮から借地人運動がおこり、「重立たるもの五十余名」が東京市に対して陳情書を提出するなどの活動をおこなった[8]。そのほか一八九八年にはメインストリート(佐竹通り)の商店の親睦組織として「共睦会」も結成されている(末武芳一『たけちょう』竹町小学校、一九八三年)。

これらを基盤として日露戦争頃には「一種の自治政を布き、一町共議の上」で佐竹ヶ原の運営がおこな

図2　佐竹商店街
［出典］『新撰東京名所図会　下谷区之部』（『風俗画報』378号，東陽堂，1908年1月）。

われていた（横山源之助「東京の殖民地」『中央公論』一九〇四年八月号）。

佐竹ヶ原の住民組織の運営は、二四ブロックの「総代人」と「相談役」六名が選出され、これら役員により「共同の利益」をはかるための事業がおこなわれていた。その担い手は横山の表現によれば

仮令今日多少の資産ある者と言ふも、十年乃至二十年の前に遡れば、何れも無資無産の徒……今日佐竹ノ原に在りて、一町の尊敬を博し、町政を扱へ、或は其の相談役たる者も、明治二十五六年の十数年間を顧れば、或者は釣堀屋の大将たり、或者は玉ころがし屋の親方たり。〔横山前掲〕

とあるように、「無資無産の徒」ながらも佐竹ヶ原の地に流入して、東京市から借地し、あるいは借地人が建てた家屋を借家しながら、商売の安定

をえて定着した自営業者たちであった[9]。そして前述の借地人運動で活躍した者たちのように地域に貢献することで「一町の尊敬を博し」てこそ、「町」運営のリーダーとなることができたのであった[10]。

それでは「共同の利益」とは何か。財政支出をみると「火の番」費用の占める比重が高い(総支出の三五%)。このことは防犯防火への関心がより高い家屋所有者＝表店の借地人層の利害こそが、こうした住民組織を必要とする理由といえなくもない。しかし「祭事」(同一二%)、「兵事」(一一%)、「衛生」(一五%)をはじめ、とくに「井戸」(一一%、共有の飲用井戸の管理)のように、家屋所有者の利害ばかりでなく、幅広い住民の生活に密接にかかわる事業をおこなっている。それゆえ町政運営をおこなう役員は「町民一般より選挙」で選ばれ、「被選挙人」は借地人ばかりでなく借家人も含まれていたのである(横山前掲)。こうして比較的早い時期から裏店の借家人を含む全戸加入制への動きが始まっていったものと思われる。なお正式に町内会(竹町公園町会)を結成したのは一九一四年で、その町会役員には前述の「自警会」の設立メンバーが加わっている(『たけちょう』)。

新住民によってつくられた伝統のないこの町では、借地人運動や自警活動等を通じて、人望や権威を身につけた小売商人層を中心に住民組織がつくられ、裏店層を含む住民「自治」がおこなわれるようになっていた。

日本橋区久松町

つぎに日本橋区久松町の例をみてみよう。久松町はごく狭い近世以来の町屋部分に、小笠原左衛門尉の

図3　久松座　1871年開場の喜昇座は79年に久松座となる。その後，千歳座を経て1893年に明治座となる。
セブンフォト提供。

上屋敷や水野河内守の邸宅、その他の武家屋敷地を加えて成立した町である（面積約一二倍に拡張）。屋敷跡地には、東京府から取り払いを命じられた両国広小路の「青天小屋」が喜昇座《きしょうざ》（明治座の前身）として移転開場し、一八七八年には古着市場も開設された。芝居小屋や古着市場といった周縁的な施設が立地することで、開発が始まった町である。なお旧武家地の一部は小学校や警察署に転用された。戸数・人口は一八八三年現在三六九戸、二四五七人、一〇八五人、一九一三年には三七八戸、二四五七人であった（『日本橋区史』一九一六年）。この間、一戸あたりの人員が二・九四人から六・五人に増えており、これは店員・使用人を多くかかえるような織物問屋が増加したためであろう。

この町で一八九〇年に町規約（「町規」）を制定しようという動きがおこった。すなわち「久松町公民永田幸吉、藤井茂利吉氏等の発起」により「地主総代諸木吉郎氏」の参加をえて「久松町大親睦会」が開かれた。その様子はつぎのように描写されている。

会場表面には日章の国旗を交叉し、数十の球灯を列ねていかめし気に来会者を迎ふ。零時三十分とも覚しき頃より追々人々は総員凡そ一百余名。婦人あり子供ありチョン髷あり散髪ありて普通選挙に成り立つ国会は斯くやあらんと疑はる丶計りに見受けられぬ。［『読売新聞』一八九〇年二月十二日］

そして「大親睦会」の席上で「町規」を定めることが決議され、検討の末に「久松町組合規約」が制定された(四月四日)。

「久松町大親睦会」における藤井の演説によれば、久松町は「所謂新開町に均しき処なるが為め町規未だ全く定まらず」「一朝他の団体に関する事件のおこるに際しては何人か能く久松町を代表するものあらんや」(同二月十二日)という状況であった。つまり久松町は旧武家地の編入によってできあがった「新開町に均しき処」であるため、「町」の組織や「親睦」の欠如が問題視されていたのであった。

「町規」に盛り込まれる内容として新聞にはつぎのように報道されている。

全町を分ちて十有余部とし、各部互選法を以て部長若しくは組長を置き、月々応分の積金をなして公の費用に備へ、公私の祝儀不祝儀ある毎に之を以て其の費を補ひ、尤も一己一個の祝儀不祝儀には各部の人々共に其の雑事を助くるも、贈り物等は総て名刺限りとし、積金の幾分を以て事主を賑すの趣向なり。且つ又各部長事務長等に於て相当とみなしたる地代家賃を俄に引き上げんとするものある時は互いに相諫諍《かんそう》し、若し之れを聞かずして地立て店立てを喰はすが如き所為あらば同町全体の積金を以て直者を助け、其他其家作は元のサラ地又はあばら家として持主へ返付し、此地此家に居住するも

のは後来久松町内の団体へ加入せしめず。〔『読売新聞』一八九〇年二月十四日〕

実際の「久松町組合規約」には盛り込まれなかったと思われるが、準備段階の議論で注目されるのは、かなりの強制力をもって「町」の役員(「各部長事務長」)が「相当と見なしたる地代家賃」に統制し、あるいは退去を迫られた借地借家人を救済しようとしていることである。このことは地代家賃の引き上げにともなう地主家主と借地借家人との対立も「親睦更に整はず」の原因であったことがわかる。それに対して借地借家人の利害を守り、相互扶助の組織をつくることが「町規」制定の契機の一つだったということができよう。[11] 久松町の「町」組織形成の主要な担い手は、借地借家人層だったと推測される。

ただしその中心にいた者は「公民」要件(年齢・居住期間・納税の要件)をみたした商人であった。「発起人」のうち永田幸吉は近世からの町地部分で営業する呉服古着商、また永田とともに役員に選出された藤村清助は新しく編入された部分で営業する太物商《ふとものしょう》である(『新撰東京名所図会・日本橋区之部』風俗画報別冊、一九〇〇年十二月)。ふたりとも少なくとも明治三〇年代には中堅の織物問屋へと成長していった人物であったが(白石孝「日本橋久松町商業史覚書」『三田商学研究』四六巻六号、二〇〇四年二月)、こうした新旧住民の「有志者」が、自らの利害と新旧住民の「親睦」をはかるため「町」組織の構築に奔走したのであろう。[12]

「共生の作法」

以上、市制施行直後から明治末にいたる東京のいくつかの「町」の史料にそくして住民組織のあり方を検討してきたが、最後にまとめておこう。

東京の三つの町の「町」組織はいずれも行政による働きかけにより結成されたものではなく、それぞれの地域社会が自前で解決する必要のある「共益」や「親睦」を実現するために、再構築ないしはあらたに結成されたものであった。しかしその組織原理や担い手は、近世以来の伝統的商業地と明治になって開発が進んだ旧武家地の新開町とでは当然異なる(さらにいえば山の手の屋敷町や郊外の住宅地もそれらとは異なるであろう)。

麴町十二丁目の場合、近世の「町」自治の規範との連続性が強くみられるといってよい。「町内」という枠組みが残存し、それを自治的に運営していく責任が地主・差配人を拘束していた。その際裏店住民はもちろん、差配人以外の表店住民は基本的には「町」運営の役割を免除されていた。明治地方自治制のもとで法的裏付けを欠くことになった「町」組織を、幅広い住民の「合意」のうえに再確認したのが「町制法」であった。その意味では、田中のいう「有志団体」という言葉のイメージとは異なる内実をもっていた。もっとも運営層の責任意識が空洞化し、あるいは運営層以外の住民の責任分担が増大するとき、先の「合意」は再編され、運営に関与する範囲を拡げていくことにならざるをえなくなるであろう。

一方、「町」が存在しなかった佐竹ヶ原や久松町において「有志」が住民組織をつくりあげていく動きは、まさに田中のいう「有志団体」というイメージに合致する。新住民同士あるいは新旧住民間の「親睦」欲求や相互扶助、防犯防火や清掃など「共益」を実現しようとするボランタリーな動きから住民の組織化が進むのであるが、それは同時にあらたに「町」という空間のまとまりを下から構築していく過程であっただろう。もっとも住民のつながりの範囲としては、多分に行政の都合上恣意的に編成された境界線が意味をもつことになった。そうした自生的な「町内」の構築を担ったのは、当該地域のかかえる問題の解決をはかるなかで、リーダーとしての能力や人望をもった者たちであった。また久松町の場合は史料上確認できないが、佐竹ヶ原の場合は早くから「町民一般」の参加のもとに運営がおこなわれており、のちの全戸加入を原則とする町内会の原型は、こうした伝統性の希薄な地域でこそ生まれたといえるであろう。[13]

ここでとりあげた商業地ないしは商工混住地においては、それが伝統的なものであれ、新しく構築されたものであれ、地域住民の「親睦」欲求や生活・営業における相互協力の必要に基づいてつくられる「町の住民の対面接触可能なコミュニティは事実上連綿と継続」(松村前掲)していたことが明らかである。もちろん、第一次世界大戦後の増大する雇用労働者層や俸給生活者層を含み込んだ地域の「町」については、より複雑な様相が想定されるが、具体的な事例に基づいて論ずることはできないので今後の課題である。

さて当初の目論見からするならば、やっと問題の入口にたどりついた。「町の住民の対面接触可能なコミュニティ」=「共同的なもの」が「連綿と継続」していくにしても、そこには「共同的なもの」と「私的なもの」との葛藤、あるいは「私的なもの」のあいだの葛藤は当然存在するであろう。問題は「共同的なるもの」と「私的なるもの」との関係の歴史的変化の相、そうした葛藤を処理していく住民間の「共生の作法」[14]の洗練の過程(とその曲折)を、都市社会の変動の基底に見出していくことである。

1　都市社会学の分野では「あるべきコミュニティ」像との関係で、町内会は一貫して論争的な対象であった(吉原直樹「町内会論――コミュニティ形成論における近代認識」『都市とモダニティの理論』東京大学出版会、二〇〇二年）。近年では総力戦体制下に法制度化された「町内会体制」の前史にも関心が広がり、「町内会」の前身として任意団体としての「町内有志団体」の存在がクローズアップされ、また「町内会」形成過程の多様性は「地区類型」のもとに整理されるようになった（田中重好「町内会の歴史と分析視角」〈倉沢進・秋元律郎編『町内会と地域集団』ミネルヴァ書房、一九九〇年〉、玉野和志『近代日本の都市化と町内会の成立』〈行人社、一九九三年〉）を参照。なお、都市社会学における町内会については、例えば倉沢進・秋元律郎編『町内会と地域集団』でその到達点の確認がおこなわれ、また政治社会史の立場から雨宮昭一が「町内会の把握方法と評価」について整理をおこなっている（雨宮昭一「総力戦体制と国民再組織」『戦時戦後体制論』岩波書店、一九九七年）。

2　なお「町制法」では、地主は「町」に土地家屋をもち居住する「町住地主」（近世の「家持」に相当）を指し、「他町地主」（差配をおかない者）は差配人と同様の扱いを受ける。

3　もっとも「私立消防」は一八九四年五月に警視庁令二八号により廃止された（鈴木靖「四谷区私立消防設立について」『新宿歴史博物館紀要』創刊号、一九九二年）。

4　「鳶」＝「仕事師」については、平出鏗二郎『東京風俗志』（一八九九年）に「町中には受持の仕事師あり、仕事師とはいわば町中を一手に花主としたる出入の工夫にして、多くは消防方を職とし、また土工を業とす。町中下水の開鑿、及びその浚い方をも受負い、建築あれば大工左官の手伝をなし、其地形をも引受く、正月の松飾、歳暮の引搗餅、また受負いて、それぞれの給料をも受け、祝儀さえ受くれば、得分少しとせず」［復刻版、八坂書房、一九九一年］とある。

5　麹町十二丁目のその後に関する史料は、明治末とされる「町会会館」の写真、そして一九二七年の「麹町十二丁目町会会員名簿」がある。この名簿によれば会員数一八七で、一九三〇年代の住宅地図（「火災保険特殊地図旧三十五区」都立中央図書館蔵）と照合すると、裏店、長屋住民も会員になっている（「専売局女工」の会員もいる）ことが判明し、全戸加入制を原則とする町内会へと編成替えされていることがわかる。町会の正副会長・理事・顧問の役員一〇人のうち、町内で商売する地主が半分を占め、表店の商人が中心の町会となっている。史料的制約で二十世紀初頭の動きが詳しくわからないのだが、この町のように地主層や表店の商人の変動が少ない町では、旧来の秩序が比較的温存されつつ、裏店層を含み込むような町内会へと変化を遂げたであろう。

6　もっとも「人びとの行為や表象にそくして、重層的かつ複合的に都市空間を捉え」ようとする都市社会史の課題からするならば(中野隆生「近代都市史研究における日仏比較の可能性」同編『都市空間の社会史　日本とフランス』山川出版社、二〇〇四年)、ここからそれぞれの「世界」の内実と相互関係について掘り下げていくことが当然求められるのであるが、それははたせなかったので今後の課題としたい。

7　武家屋敷跡地の再開発によって「繁華」な市街へと生まれ変わっていった町は、明治期の東京では「新開町」(「新開」「新開町屋」「新開地」)と呼ばれていた。近年、小林信也や松山恵が「新開町」に着目することで、民衆世界との関連で近世近代移行期における都市空間再編の特質を論じている。小林信也「新開町」(『江戸の民衆世界と近代化』山川出版社、二〇〇二年、第一部第四章)、小林信也「近代の都市問題」(『歴史と地理』五六二号、二〇〇三年三月)、松山恵「近代東京における広場の行方――新開町の簇生と変容をめぐって」(吉田伸之他編『江戸の広場』東京大学出版会、二〇〇五年)を参照。なお小林は「新開町」の事例として佐竹ヶ原を取り上げている。また大岡聡「戦間期都市の地域と政治」(『日本史研究』四六四号、二〇〇一年四月)は、関東大震災後の区画整理反対運動の事例として竹町の運動をとりあげた。本稿では明治後期の竹町の住民組織の動きに焦点をあてる。

8　前述のように佐竹ヶ原の土地は東京府(のちに東京市)の所有地であったが、一八八三年に熊谷直温ら四人の民間人に貸し下げられていた。熊谷らは興行師と組んでこの地を開発する一方、土地を転貸して収入をえていたが、その経営に対して借地人の不満が蓄積していき、九二年頃から「重立たるもの五十余名」が集まり、借地料が適正かどうかを調査するとともに、市会議員に陳情書を提出し、東京市から住民に「直貸下」するよう請願する運動をおこした(「佐竹原借地人の運動」『読売新聞』一八九三年一月十八日)。熊谷の借用継続は認められず、東京市は一八九三年三月末以降は、実際の営業者・居住者と直接借地契約をおこなうことになった(『東京市史稿』市街編第八四、東京都、一九九三年)。

9 例えばのちに竹町公園町会副会長になった吉岡金太郎は一八六九年小石川生まれ、古着店に奉公のあと、一八九〇年に佐竹ヶ原で「夜店式」の古着屋を独立開業し「苦闘を以て」この地に地歩を築くとともに「町政に寄与」した(篠田皇民『東京府市名誉録』東京人事調査所、一九二五年)。

10 引用中の「釣堀屋の大将」とは横山が別の部分で言及する「釣堀を業とせる長谷川某(後日佐竹ノ原の原住民の為に、反抗運動を試み、一般町民に幾多の便宜を與へたる)」のことと思われる。

11 「久松町の組合規約」『読売新聞』(一八九〇年四月四日)には

日本橋区久松町にては今度組合規約なるものを設け、毎年春期総集会を開く事、正副組合長及総代人を置く事、家屋税より積立金をなす事等の外尚ほ数ヶ条ありて、其内左の三ヶ条尤も面白し。

第七条　当組合医師は、組合員に限り何人を問はず診察料を受けず、薬価廉価を旨とし、深夜と雖も来診、親切に治療すべき事。

第八条　当組合中に結婚者ある時は、其部中及び向部は軒提灯を点じ送迎可レ致事。

第九条　当組合に死亡者ある時は、戸主夫婦及び両親に限り香典として金三円を送り、其部中一同会葬の事。但し、本人より謝絶ある時は此の限りにあらず。

とあり、「親睦」と「相互扶助」を内容とする規約となっている。

12 久松町ではその後一九〇二年に久松町衛生組合がつくられたが、一九二一年に衛生組合は解散し、それを契機に久松町町会が誕生した(『新修日本橋区史』一九三七年)。

13 玉野前掲書は「町内会とは、大正から昭和にかけての日本近代における都市化の「スプロール地区」において、コミュニティの「共同防衛」の必要から住民自らが結成した全く新しいタイプの「地域住民組織」であった」(二七七頁)とする。

14 奥田道大は外国人比率が増大する現代の新宿区大久保地区について「軋轢、紛争が起きていることは確かである。〔……しかし〕調査地の地域社会は総じてアジア系外国人の受け入れを「異質化」風景として過剰反応していない」とする。なぜなら「調査地はもともと地方からの若年単身者を受け入れてきた実績をもつので、人の出入りが多い。したがって人のプライバシーには立ち入らない、そっとしておく、その人が本当に困ったときには手助けをする、手助けできないまでもそのような心の用意をするのが、地域生活上のルール、けじめであった」として、そこに地域社会が洗練させてきた「共生の作法」を発見している（奥田道大・田嶋淳子『新宿のアジア系外国人』めこん、一九九三年）。

都市大阪の空間的拡大と都市計画

一九二〇～四〇年代における大阪市の「郊外」問題

高岡裕之

都市大阪研究と「郊外」

近代都市大阪に関する歴史研究は、一九八〇年代を中心に活発に展開されたが、その際に研究の焦点となったのは第一次世界大戦後の大阪市であった。この時期、日本最大の商工業都市であった大阪市では、資本主義の矛盾の集約としての都市問題が深刻化したことを背景に、関一《せきはじめ》（助役〈一九一四～二三年〉、市長〈一九二三～三五年〉）に代表される都市政策の専門家が先進的な都市行政を展開し、また一九二五年には第二次市域拡張を断行して、人口・面積ともに全国第一位（人口では世界第六位）の「大大阪」を実現した。一九八〇年代の研究は、こうした大阪市を当該期における都市の典型的事例と位置づけ、その分析を通じて日本資本主義の特質や、現代的な都市支配構造・都市政策・行財政などのあり方を探るという問題関心をもつものであり、それゆえ近代都市史研究に大きな影響を与えることになった。[1]

しかし右のような研究状況は、一九九〇年代半ばには一段落し、現在のところ都市大阪をめぐる歴史研究は課題・方法の再検討の段階にあるように思われる。ところが歴史学以外の領域に目を転じると、都市大阪の歴史的研究はむしろ活発化している。その牽引力になっているのは建築学・都市計画学・地理学・社会学などの研究者であり、とりわけ郊外住宅地に関する研究の発展はめざましい。[2] こうした研究の問題関心は多様であるが、ここで注目しておきたいのは、それらが「郊外」に視点をすえた都市空間・「都市圏」研究の性格を帯びていることである。

もちろん「郊外」の問題は、従来の都市史研究でも関一の都市政策論や第二次市域拡張との関連で注目されてきたテーマといえる。ただしその場合の「郊外」とは、第二次市域拡張時に「大大阪」に編入された近郊のことであり、その一方、大阪市域外の「郊外」はそれが現在所属している「衛星都市」（吹田《すいた》市・豊中市・西宮市など）の問題として別に扱われてきた。これは従来の都市史研究の基本的視座が、「自治体」としての都市におかれていたことからすれば当然のことといえる。しかし都市を機構としてではなく、人びとにより「生きられた空間」[3]、もしくは「社会＝空間構造」[4]としてとらえなおそうとする近年の都市社会史の観点を踏まえれば、「郊外」の問題は「自治体」の枠組みを超えた都市大阪の実質的な空間的拡大のプロセスとして再構成される必要があるといえる。まして近年の研究が強調するように、戦前期における「郊外」の発達が都市大阪の著しい特質であるとするならば、こうした問題を都市史研究に組み込むことは都市大阪研究の重要な課題であるはずである。

とはいえ、都市大阪研究の枠組みを大阪市の外部へと拡張することは、必ずしも容易ではない。なぜならもともと大阪市の周囲には堺・尼崎《あまがさき》・神戸といった諸都市が近接しており、大阪の都市空間の広がりが自明なものとしては存在していないからである。そこで本稿ではこうした問題を考えるうえでの基礎的作業として、都市大阪の拡大を二つの次元において検討してみたい。その一つはいわば社会地理的次元であり、ここでは郊外住宅地の展開や「都市圏」のあり方に示される都市大阪の空間的広がりが問題となる。いま一つは、政治的・行政的次元であり、こちらでは制度としての都市大阪のあり方が検討の対象となる。こうした二つの作業を通じ、都市大阪研究の今後へ向けた課題を探ってみたい。

1 戦前期における都市大阪の拡大とその特質

冒頭で述べたように、郊外住宅地をめぐる研究の活発化は近年の特徴である。しかし地理学の領域では、大阪が「東京とは異なつた特徴をもつメトロポール（大都市圏）構成」をもつことが早くから知られており、その要因として「市街を取り巻く水田地帯を飛躍して郊外住宅地が成立」したという事情が指摘されてきた。[5] そこでここではまず、都市大阪周辺における郊外住宅地についてその特徴を整理しておきたい。

都市大阪の郊外住宅地は、明治後期の実業家層が最初は大阪近郊に、ついで六甲《ろっこう》山麓（武庫《むこ》郡住吉村など）に別荘・邸宅地を営むようになったことを先駆けとするが、その本格的な発達は住民の階層が「中産階級」へと下降する大正期以後のこととされる。こうした郊外住宅地については、戦前期の主要経営地を分析した水内俊雄によるまとまった分布図（図1）が作成されている。[6] この図に示されるように、郊外住宅経

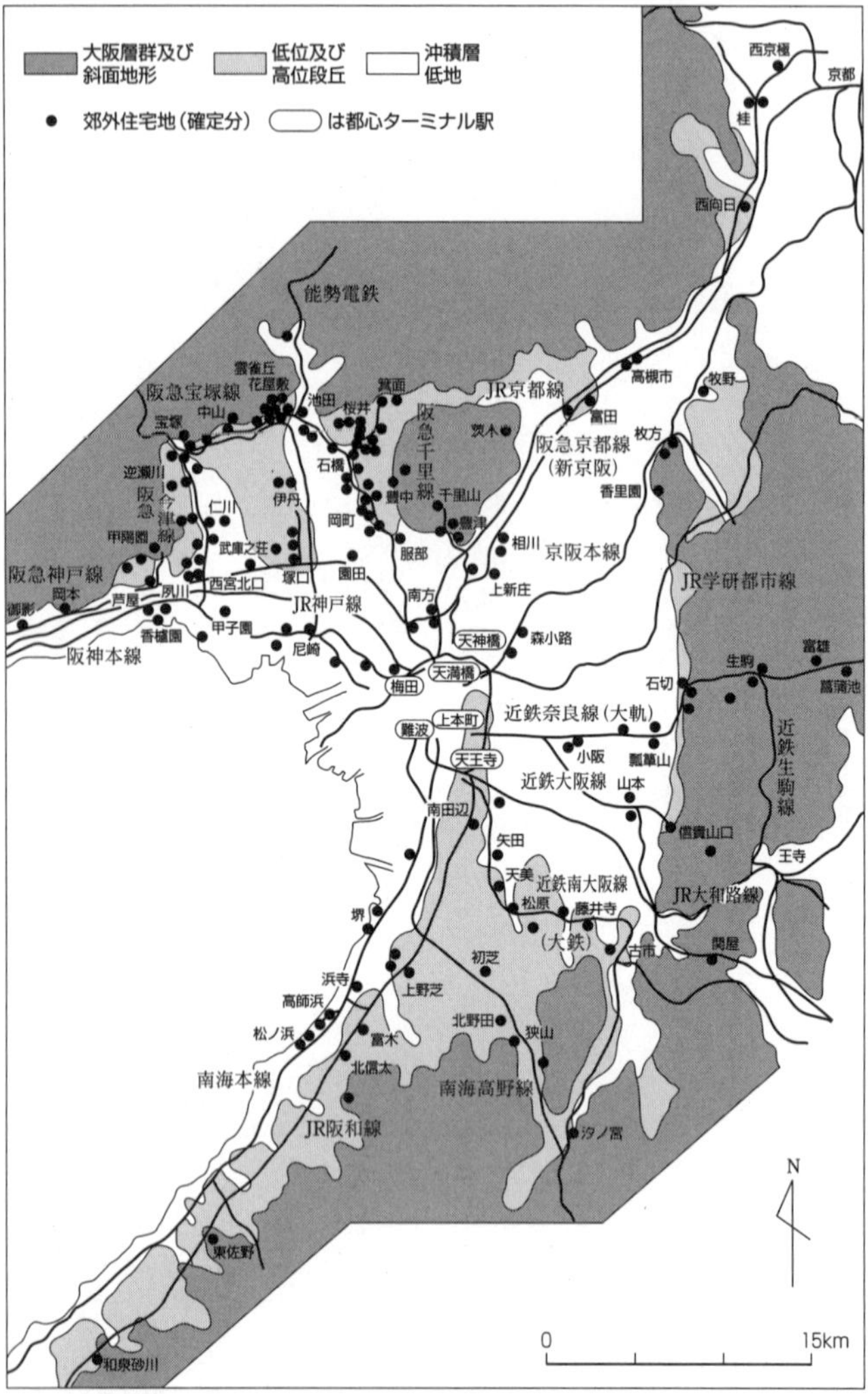

図1　大阪周辺における郊外住宅経営地の分布　鉄道線は現在名，鉄道網は1935年当時のもの。

［出典］水内俊雄「大阪都市圏における戦前期開発の郊外住宅地の分布とその特質」（大阪市立大学地理学教室編『アジアと大阪』古今書院　1996）。

営地の多くは鉄道路線にそった丘陵地・山麓部付近に展開しており、大阪市近郊の平野部に所在するものは数少ない。水内によればこうした郊外住宅経営地の特徴は、その大部分が各都心駅から一〇キロメートルから二五キロメートルの範囲に集中して立地している点にあり、また沿線別経営地面積では阪急神戸線沿線が最大で全体の約二四％、つぎが阪急宝塚線沿線で一七％、それに阪急今津線沿線（四％）、阪神本線沿線（五％）を加えると北摂・阪神間でほぼ五〇％を占めていたという。つまり大阪周辺の郊外住宅地は、大阪市の北部エリア（神崎川《かんざき》以北）を中心に、大阪平野の外周部一帯に発達していたということになる。

このような特徴をもつ郊外住宅地の発達については、戦前以来、数多くの要因が指摘されている。その主要なものとしては、(1)大阪市内にはもともと良好な住宅地となる台地が乏しいうえに、東京のように明治維新後に新たに開放された武家地もほとんどなく、住宅地の絶対的不足が生じたこと、(2)大阪市の周囲には住宅地に適さない低湿な沖積低地が広がっていたこと、(3)日清戦争後における産業都市化（「東洋のマンチェスター」）により、市内の居住環境の著しい悪化が進行したこと、(4)私鉄を中心に郊外鉄道が特異な発達を遂げたうえ、阪急電鉄を典型とする私鉄資本による積極的沿線開発がおこなわれたこと、などがあげられる。[7] 都市大阪周辺における郊外住宅地が他地域に先駆けて発達したのは、こうした地理的・歴史的・社会的条件が組み合わさった結果と考えられるわけである。

ところで戦前の郊外住宅地とは基本的に「中流」以上の階層を住人とするものであり、それゆえ都市大阪周辺の郊外住宅地は東京の「山の手」と対比されることになる。つまり東京では都心に発達した「中流」以上の階層の居住地が、大阪の場合は所与の条件の違いから都市の周辺に展開したという理解であり、そのことが両者の都市空間の構造的差異に結びついているというわけである。そこで近年では、こうした郊外住宅地の特性を踏まえ、それを都市大阪の拡大過程のなかにあらためて位置づけなおす試みがなされるようになった。例えば石川雄一は、近代大阪における都市化・郊外化には大別して、⑴工業地域の外延化ないし「中心市域拡張型の下町的郊外」の拡大、⑵「都会の喧噪から隔絶された郊外鉄道沿線の住宅地化」という二つのパターンがあることを指摘し、双方のパターンを視野に入れた「郊外都市群」の類型化を試みている。[8] また水内俊雄は、近代大阪における都市諸階層の「居住分化」を論じるなかで、郊外住宅地をそのもっとも尖鋭な形態であり、階層的に「分極化した都市空間編成」の一環であったと位置づけている。[9] これらの研究を踏まえれば、都市大阪の周囲に発達した郊外住宅地は、都市の外部の問題としてではなく、階層的分化をともないながら進行した都市空間の再編成ないしその外延的拡大の一形態としてとらえられるべきものといえよう。

このように戦前の都市大阪研究のうえで、郊外住宅地の問題は重要な位置を占めていると考えられる。しかしその意義を測定するためには、都市大阪の郊外の全体像が明らかにされねばならず、またその場合には堺市・尼崎市・神戸市など他の近隣都市との関連も問題となる。このような郊外をめぐる複雑な問題を整理するうえで、「都市圏」という概念はその手掛かりとなる。

「都市圏」についての考え方は必ずしも一様ではないが、都市研究の文脈で用いられる「都市圏」概念とは一般に核都市を中心とする日常的生活圏のことであり、その指標としては中心都市への流出就業者比率五%以上もしくは一〇%以上という基準がよく用いられている。なおこうした「都市圏」における「郊外」とは、右の基準を満たし「都市圏」を構成する市町村のことを指す。10

そこで右のような基準を応用した分析をおこなうため、戦前では唯一、通勤・通学者に関する調査を含む一九三〇年の国勢調査結果を用いることとし、大阪市への通勤・通学率（以下、移動率と呼ぶ）を算出してみると、五％以上で該当するのは堺市・尼崎市・西宮市を含む一〇二市町村（大阪府七六、兵庫県二三、奈良県三）、同じく一〇％以上の場合では五〇市町村（大阪府三七、兵庫県一二、奈良県一）にのぼる。ただし他の都市圏との関係を考慮すると、兵庫県側の最西部、精道村《せいどう》（芦屋）と神戸市とのあいだに位置する武庫郡住吉村・御影《みかげ》村など五町村は、この段階では神戸市への移動率がより高く、神戸市の都市圏に属していると判断される。そうすると五％以上は九七市町村、一〇％以上は四八市町村となり、この範囲が一九三〇年時点における大阪「都市圏」とみなされる。

これらの市町村のうち、飛び地的位置にある奈良県の三町村を除く範囲で、各市町村の移動率を示すと図2のようになるが、その移動人口をおおまかな地域別に整理してみると（表1）、北部エリアが全体の五四％を占めているのに対し、東部エリアが三二％、南部エリアが一四％となる。こうした移動人口の北部エリアへの偏りは、郊外住宅経営地の分布と照応するものであり、大阪「都市圏」の形成における郊外住宅地の役割の大きさが推測される。ただしこれら「郊外」のなかには郊外住宅経営地がほとんど存在しない地域も多く、そのあり方を考えるためには移動人口の内訳を検討する必要がある。

国勢調査結果には移動人口の内訳を示す統計はなく、そこからこの問題を検討することはできない。しかし戦前の大阪市をめぐっては、通勤・通学事情に関する複数の調査が存在し、これらを元にした傾向の

表1　大阪「都市圏」における移動人口

		有業・通学者	移動総数		大阪市への移動数		
北部	阪神間	144,063	43,380	30%	17,861	12%	32%
	豊能	43,405	11,401	26%	7,312	17%	13%
	三島	33,881	8,809	26%	5,255	16%	9%
	小計	221,349	63,590	29%	30,428	14%	54%
東部	北河内	43,219	9,772	23%	5,835	14%	10%
	中河内	82,033	18,087	22%	12,351	15%	22%
	小計	125,252	27,859	22%	18,186	15%	32%
南部	南河内	17,050	2,841	17%	1,364	8%	2%
	泉北	85,325	9,495	11%	6,470	8%	11%
	小計	102,375	12,336	12%	7,834	8%	14%
総　計		448,976	103,785	23%	56,448	13%	

＊「大阪市への移動数」欄の百分比中，左は有業・通学者総数に対するもの。右は大阪市への総移動人口に対するもの。

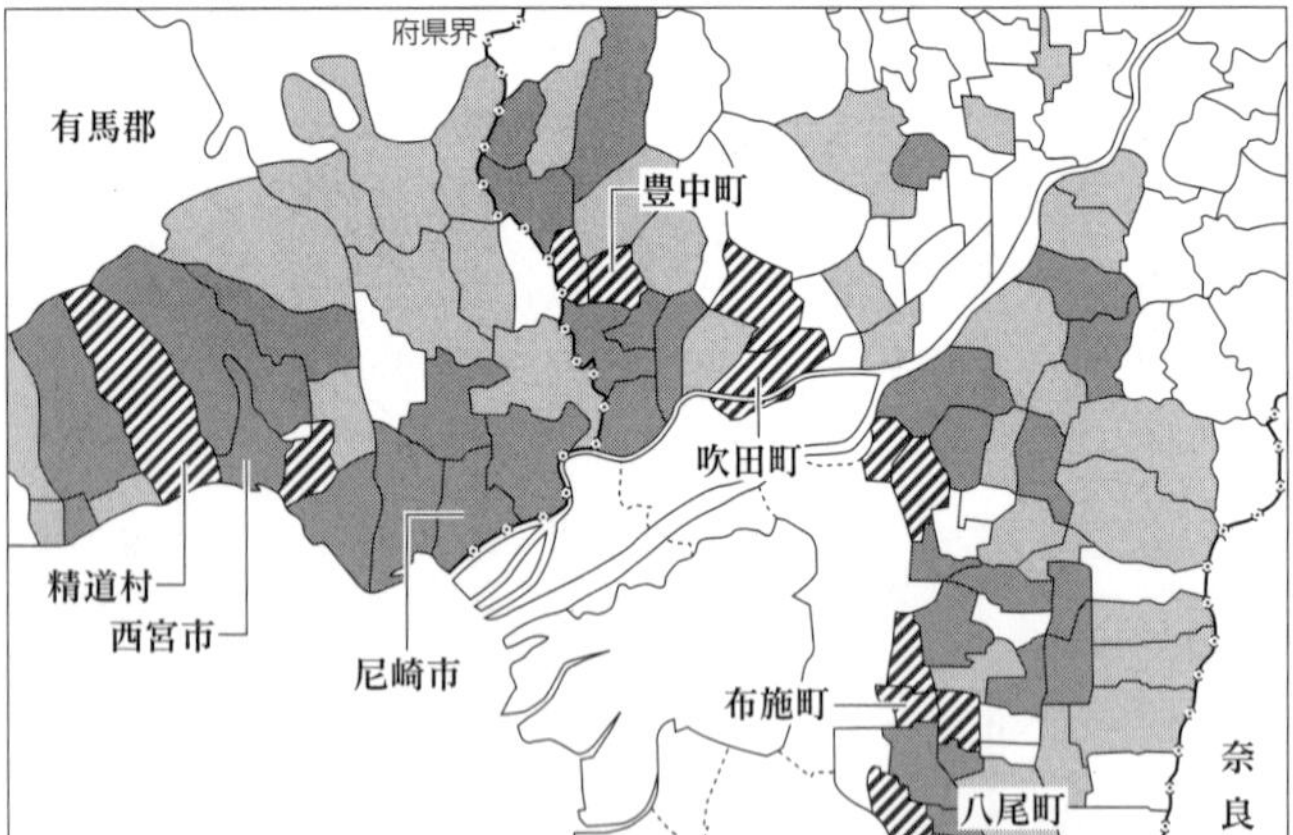

図2　1930年当時における大阪「都市圏」の移動率
著者作成。

把握は可能である。例えば一九二四年に実施された調査(郊外鉄道の定期券利用者、総数約六万九〇〇〇人)によれば、大阪市への通勤者の内訳は商工業者が一八%、銀行員・会社員・店員が四八%、官公吏が六%、軍人・教師が四%であるのに対し、労働者はわずか五%にとどまっていた。[11] また一九三〇年代におこなわれた調査によれば、市外に居住する勤労者は大阪市役所(本庁)で三六%、大阪府庁で三三%、大阪市内主要銀行の平均では四七%に達していたが、[12] 工場労働者の場合はその大部分が工場の付近に居住しており(通勤距離が一キロメートル以下の「職工」がほぼ七割、二キロメートル以下で八割、四キロメートル以下で九割)、七割以上の者が徒歩ないし自転車によって通勤していたことが判明する。[13] こうした調査結果からすれば、「現時の郊外居住は俸給生活者其の半数を占め、他は経済上に比較的余裕ある中産者又はそれ以上の人士によりてのみ実現せらるゝに止まり未だ下層社会に及ばざるを知るべし」という一九二四年調査における指摘は、戦前期を通じて該当するものと考えられる。

かくして戦前期の「郊外」は基本的に「俸給生活者」層を中心としたものと考えられるが、もちろんそうした「郊外」が均質であったわけではない。例えば北部エリアの郊外居住者は、「等しくサラリーメンでもブルジヨア階級や知識階級に属するものが多く阪神の住吉、芦屋、御影についで阪急の岡町、豊中などはその尤なるもの」とされていたが、「就中住吉、芦屋などは人も知る如くブルジヨアとかインテリゲンチユアと謂つても最高階級の部類に属するもの……邸宅地」であり、[14] かつては「芦屋族には及びもせぬが、せめてなりたや豊中族に」という俗謡があったという。[15] また一九三〇代末に大阪市がおこなった近郊調査では、東部エリアが「中級以下の通勤住宅地」もしくは「中級以下の通勤者・労務者住宅」地(守口町付近）、南部エリアが「中級以上の住宅地」（浜寺・高石方面）ないし「中級住宅」地（仁徳《にんとく》陵・履中《りちゅう》陵西部住宅地帯」）などと、「中級」住宅地がランク分けされており、そこに住民階層の差異があったことがうかがえる。[16]「俸給生活者」層を中心とした「郊外」の拡大は、その内部にさらなる「居住分化」の構造を有していたといえよう。

以上のように、一九三〇年の時点では大阪「都市圏」と呼ぶことが可能な空間が、大阪市の周囲に広範に広がっていた。このことを確認したうえでつぎに問題となるのが、こうした都市空間の拡大過程である。

前述のように現在と同様な手法で「都市圏」を分析できるのは、国勢調査で「従業の場所」に関する調査がおこなわれた一九三〇年のみである。しかし第一次世界大戦直後の段階で作成された「大阪市都市計画説明書」（一九一九年）は、大阪市の中心地区より約一時間前後を以て到達し得る範囲、「即チ西ニ住吉（官線）御影（阪神線）北ニ伊丹《いたみ》（官線）箕面《みのお》宝塚（阪神急行線）東ニ山崎（官線）伏見（京阪線）四條畷《しじょうなわて》（官線）富尾（大軌線）柏原《かしわら》（関西線）南ニ平野郷（南海支線平野線）住吉（南海支線浪速線）大浜（南海支線阪堺線）浜寺（南海本線）堺（高野線）ヲ包括スル」「外郭ノ地」が、「我市民ノ住宅地トシテ何レモ其利用ヲ見サルハナク既ニ以テ大大阪ノ自然的版図ヲ形作レルノ観アリ」と述べており、[17]こうした広範囲での郊外化がすでに第一次世界大戦期から進行していたことがうかがえる。

したがって問題はこうした範囲内における「郊外」の発達ということになるが、各方面における主要「郊外」町村の人口増加状況をみれば（図3）、精道村や豊中町が若干先行しているものの、全体的には一九二〇年代からの人口の集積が重要であったと考えられる。そこで図2の範囲において、一九一〇年以降

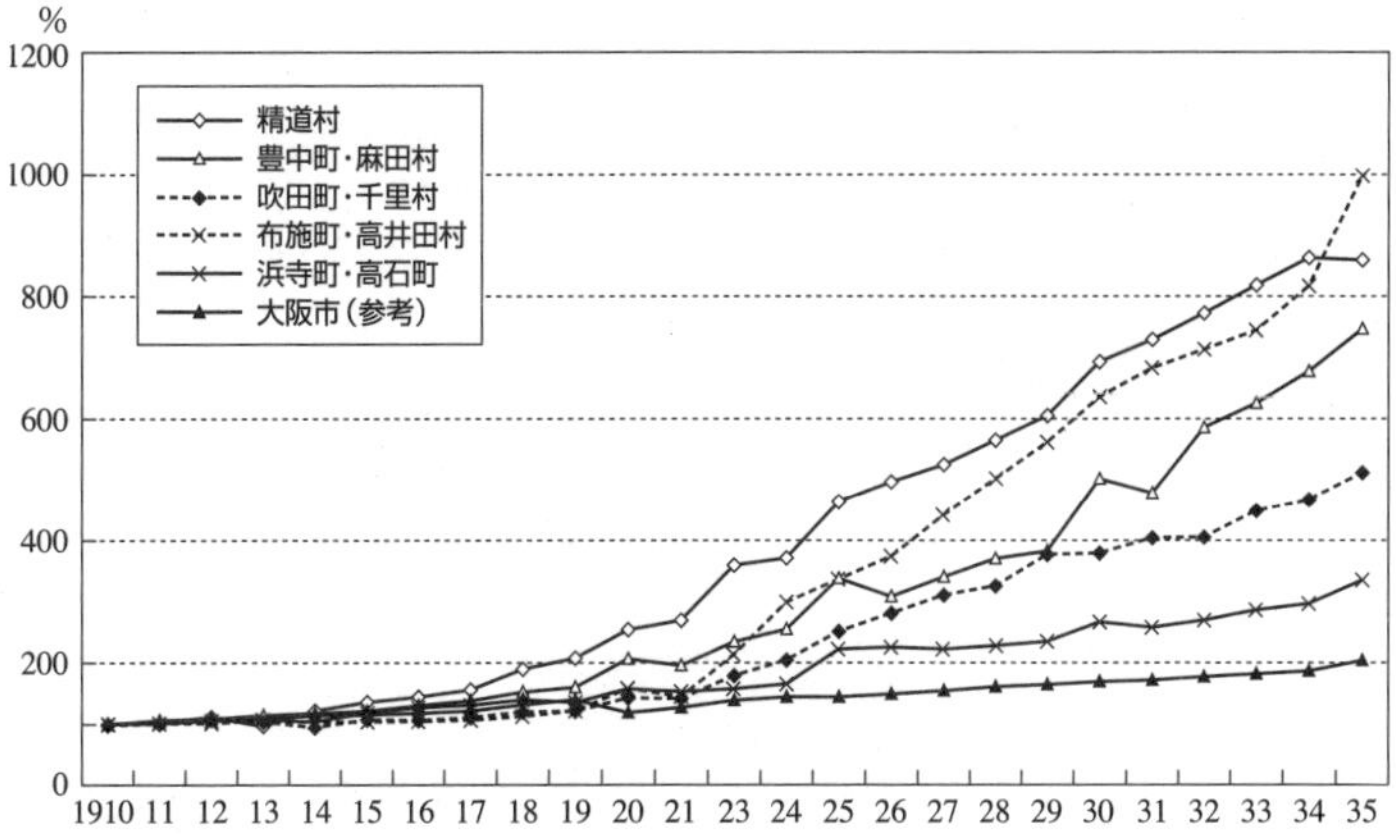

図3　主要「郊外」町村の人口増加状況
著者作成。

の人口増加状況を一〇年ごとに検討してみると図４（六六・六七ページ）のようになる。これらのうち、第一次世界大戦直後の状況を示す図４―⑴からは、阪神間を中心にのちの「郊外」の核となる地域がすでに姿をあらわしつつあったことが確認できるが、そのあり方はなお端緒的であり、とくに北東部から南東部にかけての郊外化はなお始まっていない段階といえる。これが一九三〇年（図４―⑵）になると、阪神間―豊能《とよの》・吹田地区―大阪市東南部近郊を結ぶいわば人口増加の三角地帯が成立しており、また北東部や東部の生駒《いこま》山麓、大和川以南においても郊外化が始動している状況がみてとれる。さらに一九四〇年（図４―⑶）の段階では、こうした人口増加地域を中心に町村合併が各地でおこなわれる一方、人口増加地域のさらなる拡大が進行している。ただしこの段階における人口増加地域の拡大には、一九三〇年代半ばから顕著となった「時局産業」を中心とする工場の分散にともなうものが含まれており（鳴尾《なるお》・尼崎から淀川北岸の一帯、東部近郊など）、「郊外」のあり方はいっそう多様化していたと考える必要がある。

　またこうした「郊外」の拡大を考えるうえで、参考となるのが通勤人口の増大である。大阪市の調査によれば、大阪市への流入人口のうち私鉄五社（阪神・京阪・阪急・南海・大軌〈大阪電気軌道。近鉄の前身〉）の定期券利用者数は、一九一六年には約一万三〇〇〇人であったが、一九二四年には約五万五〇〇〇人と四倍

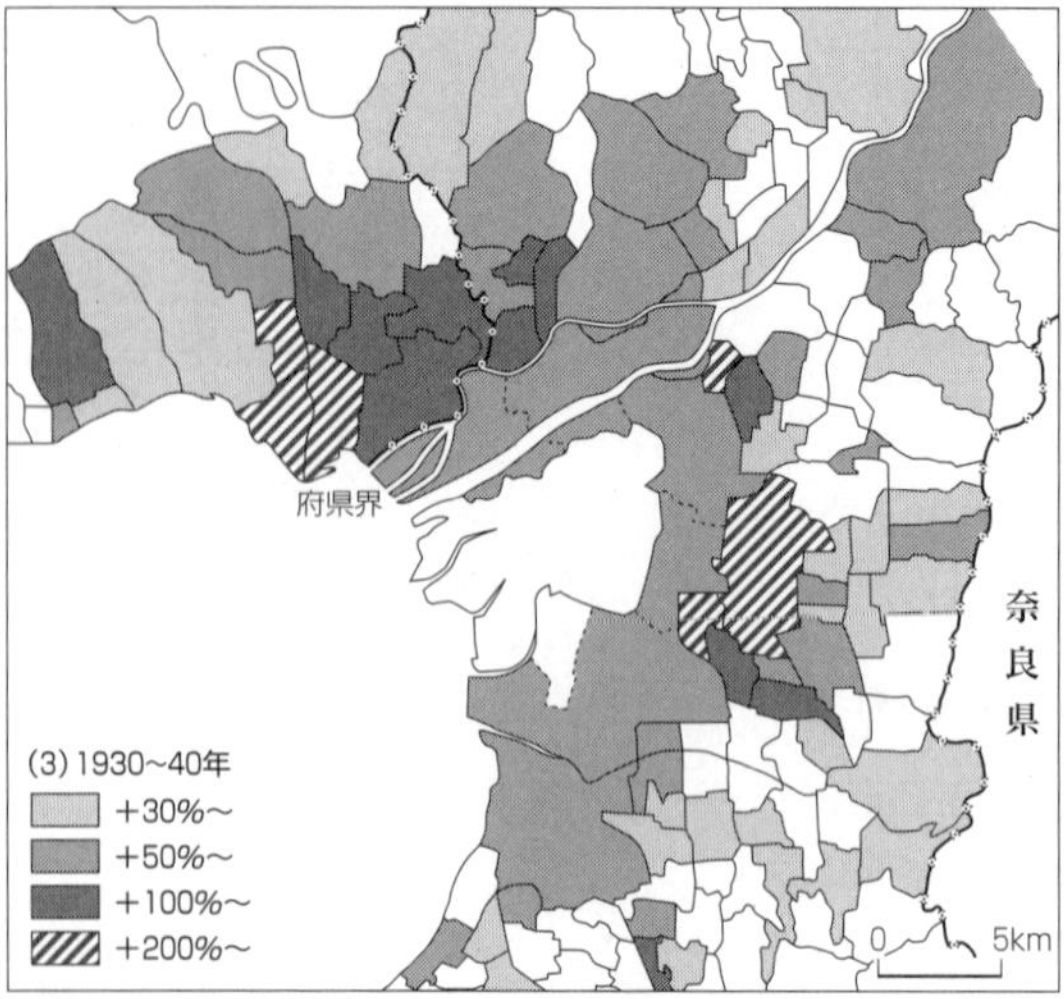

図4　大阪「都市圏」における人口増加状況
著者作成。

以上になっていた。[18] また同じく国鉄をも含めた全定期券利用者数は、一九二四年には約七万人であったが、一九四〇年には約一七万四〇〇〇人に増大している。[19] こうした通勤者の家族の存在を考慮に入れれば、一九一〇年代には数万人規模であった大阪市の「郊外」人口は、一九三〇年代末には少なくとも数十万人規模に達していたと推定できる。第一次世界大戦期に形成が始まった大阪「都市圏」は、その後の二〇年間

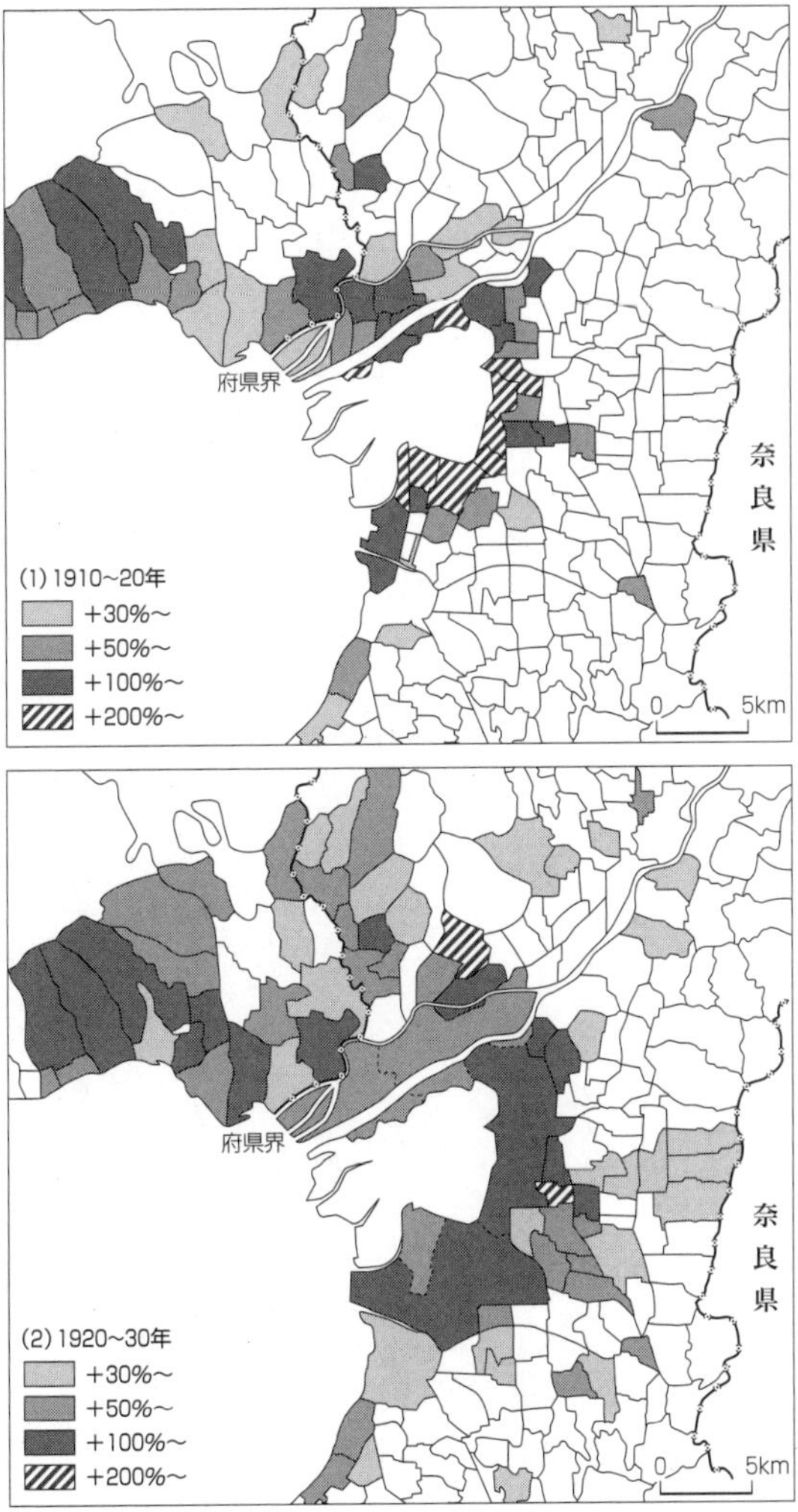

で大きく成長を遂げていたと考えられるのである。

2 大阪都市計画区域と「衛星都市」

前節では、社会地理的な意味における都市大阪の空間的拡大が、一九二〇年代から三〇年代にかけて、広い範囲で進行していたことを確認した。この点を踏まえて都市大阪の歴史を見直してみた場合、大阪府の都市計画行政が右のような動向と連動して展開していたことに気づかされる。もちろん都市計画行政はさまざまな領域を含むが、ここで注目したいのは都市計画区域のあり方である。都市計画区域とは、第一次世界大戦期における都市の膨張を踏まえ、市町村の枠を越えた都市計画を可能とすべく、都市計画法(一九一九年)に盛り込まれたものである。[20] その特徴は三〇年後の人口増加に備えた区域設定がめざされたことにあり、こうして設けられた広大な区域の多くは、その後における市域拡張の事実上のマスタープランとしての役割をはたすことになった。

ところが大阪市の都市計画区域(大阪都市計画区域、一九二二年四月告示)の場合は、大阪市の主張により原案が大幅に縮小され、その区域が六大都市のなかで相対的にもっとも小さなものとなったという特徴がある(表2)。なおこの際に大阪市が提示した修正案は、のちの第二次市域拡張区域とほぼかさなるものであり、それゆえ大阪市の態度は都市計画・市域拡張に対する積極性を示すものとして評価されてきた。しかし本稿が問題としたいのは、従来ほとんど顧みられてこなかった内務省の原案である。

表2　6大都市の都市計画区域

	①区域面積	②市域面積	①／②	区域内人口	人口密度
	平方キロ	平方キロ		人	人／平方キロ
東京市	558	82	6.8	3,358,098	6,019
京都市	278	32	8.6	844,869	3,043
大阪市	209	58	3.6	1,806,108	8,627
名古屋市	162	41	4.0	625,331	3,859
横浜市	159	38	4.2	549,635	3,451
神戸市	133	38	3.5	686,596	5,170

［出典］『都市年鑑』1（東京市政調査会，1931年）。

大阪都市計画区域の原案とされた内務省案とは二市七〇町村にまたがるもので、その総面積は当時の大阪市面積の四・八倍に相当する約二八〇平方キロメートルであった（図5―⑴）。内務省によれば、こうした区域設定の基準とされたのは、⑴交通機関を用いた都心への到達時間が三〇分ないし一時間の範囲、⑵もしくは都市中心より半径一〇マイル（約一六キロメートル）の範囲であり、⑶かつ三〇年後の予想人口を適当な人口密度で収容できる区域というものである。[21]しかし実際の区域案をみれば、それが右の基準を大きく下回っていることは明らかであり、事実、大阪府の担当者は「大大阪区域は現在の六倍としなければ理想的と云うことは出来ぬ、然るに諮問されたる区域は四倍八分であるから理想的に云えば寧ろ狭いと云うべきであろう」と述べていた。[22]当時「大区域案」とされた内務省原案は、大阪府にとっては最小限のものと考えられていたわけである。

この点を踏まえてあらためて原案の区域を検討すれば、それが大阪府下限定とはいえ大阪市周辺の中小都市（堺市や八尾《やお》町など）や、郊外化が始動しつつあった地域（豊中村・守口町・布施村・浜寺町など）を目標として設定されていたことがよみとれる。ここにはその後の都市大阪拡大の中心となる地域の多くが含まれており、その意味でこの原案の作成者の主眼は大阪市周辺の都市的地域、郊外化しつつある地域に広く都市計画法の網をかぶせ、それらの地域を単一の大都市計画区域に包摂することであったと考えられる。

ところでこうした「大区域」案に対して大阪市が提出した修正案（一市四七町村、図5―⑵）は、その発想の根本が異なっていた。大阪市の都市計画構想の主眼は、当時の大阪市に不足していた住宅地と工場用地を確保することにあり、それを市域拡張と連動した都市計画事業により実現しようとするものであった。そのため大阪市が重視したのは市域近郊に残存する田園地帯であり、その外郭に位置する「既に完成せる堺市」や「田園都市として発達しつつある豊中村」、また田園地帯とはいえ「沼地多く住宅地としての発展は遠き将来に在りと予想さる可き八尾」方面などは計画区域に編入する必要がないとされたのである。[23]大阪市にとっての都市計画区域とは、あくまでも大阪市を主体とする都市建設事業の予定対象地域であり、それゆえ大阪市は「大区域」を主張する内務省＝大阪府に激しく反発したのである。

なお、内務省原案では、阪神間地域はその全域が大阪市の中心（大阪市役所）から一時間圏内にありながら除外されていたが、これは都市計画法が府県単位での事業を前提としていたからであった。ところが阪神間地域を除外する区域案に対しては、都市計画委員のあいだから疑義が続出し、最終的には尼崎市、川辺郡小田村・園田村・立花村、武庫郡大庄村を大阪都市計画区域に編入する建議案（片岡安らの提案）が可決されるにいたっている。このように都市計画委員のあいだで尼崎地域（武庫川以東の阪神間地域）編入論が根強く主張されていた事実は、当時における「大阪」認識の一端を示すものであろう。

以上のように大阪都市計画区域をめぐっては、関係者のあいだでそのあり方について大きな認識の違いがあり、意見の鋭い対立が生じることとなった。もっとも大阪市の周囲になお田園地帯が残存していた当時、よりリアリティをもったのは大阪市の主張であり、都市計画委員会がくだした結論は大阪市修正案の多くを取り入れた一市五五町村（約二〇八平方キロメートル）という縮小案（図5―(3)）であった。一九二四年に大阪市が編入したのは、このうち東成《ひがしなり》・西成《にしなり》両郡に属する四四町村であり、その結果、日本最大の都市

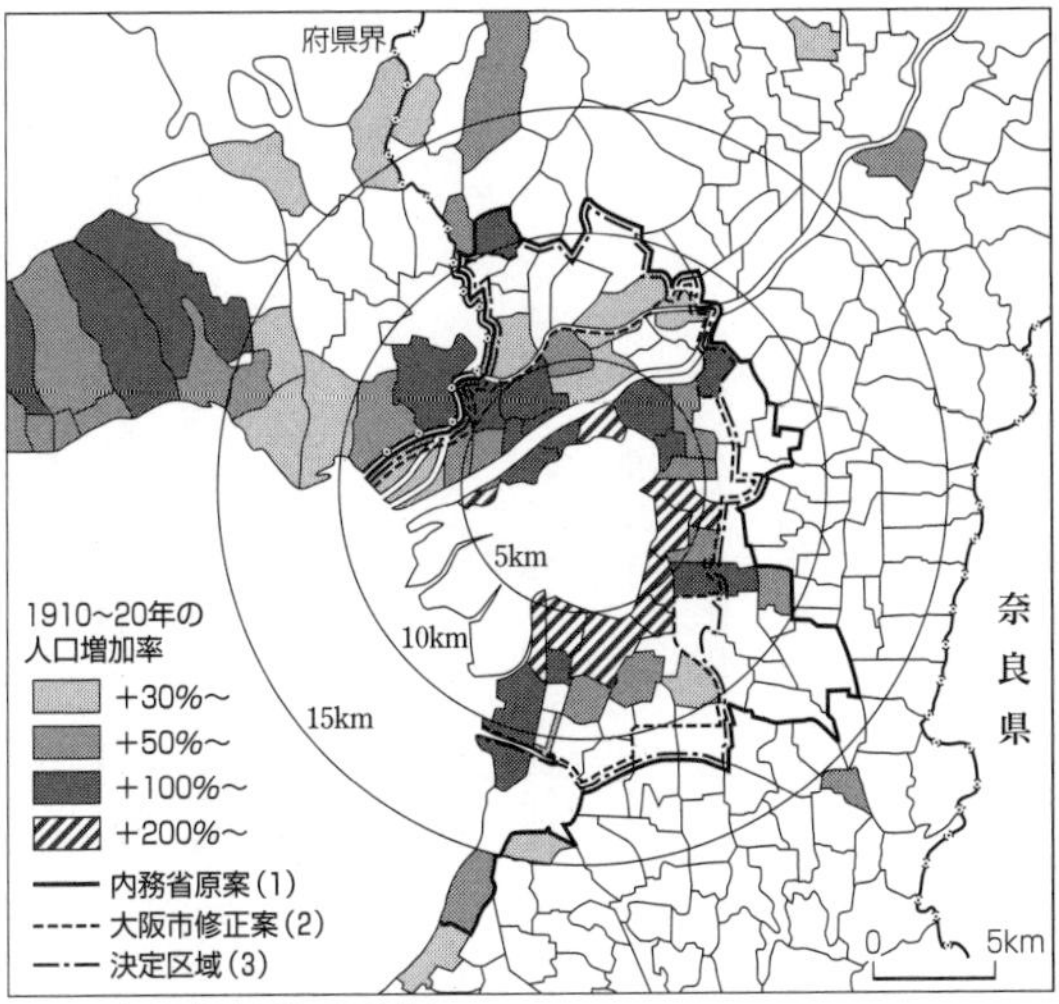

図5　大阪都市計画区域案
著者作成。

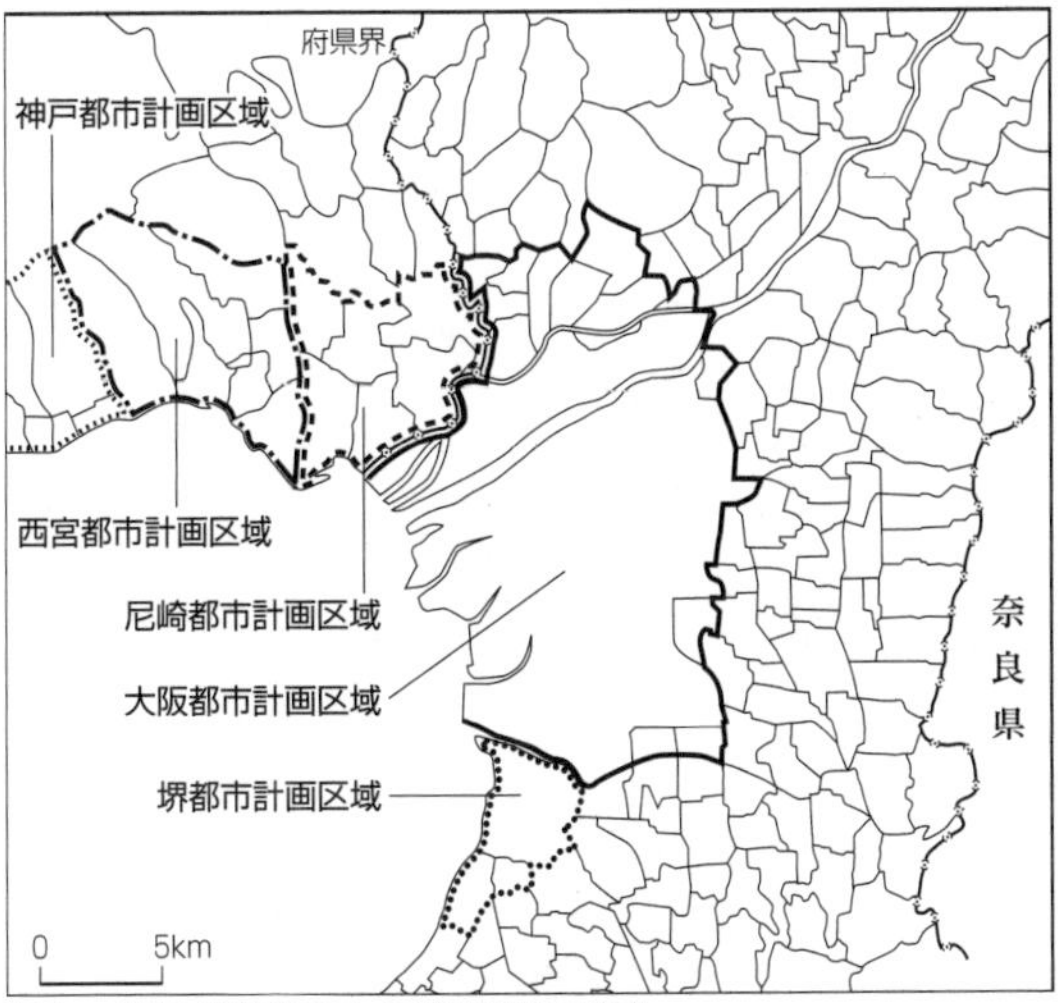

図6　大阪「都市圏」の都市計画区域
著者作成。

「大大阪」が誕生することとなる。それゆえ一九二〇年代の大阪市は、この時代の「大都市主義」の典型とされるのであるが、その陰に「小さな」大阪都市計画区域の存在があったことも事実なのである。

大阪都市計画区域をめぐる議論が前述のようなかたちで決着した結果として、そこから排除された地域では独立した都市計画区域が設定されることとなった。堺都市計画区域（一九二五年、一市一町三村）や尼崎都市計画区域（一九二五年、一市五村）などであり、先の大阪「都市圏」の範囲でいえば西宮都市計画区域（一九二七年、一市一町六村）もそうである（図6）。ところが一九二〇年代においては、都市計画法の適用対象が「市」に限定されており、市制施行地が存在しない大阪市の北部・東部の諸町村に対しては、都市計画区域の設定が不可能であった。しかしこれらの地域における郊外化・都市化は著しく、また一九三〇年前後には新たに郊外化する地域が広範に生じるようにもなる（六七ページ図4—⑵）。一九三〇年代にはいり、大阪府は都市計画区域の再検討に乗り出すようになるが、それはこうした事態の進行が無視しえない状況になっていたからである。

一九三〇年代において、大阪府が最初に検討を試みたのは、既存都市計画区域の拡張であった。当時の報道によれば、大阪府の構想は「豊能郡池田町から箕面村の山間部が漸次住宅地化して来たと同様に、大阪市の発展につれて生駒山の西山麓一帯が住宅地と化することを予想」したもので、「北は池田町、箕面村から、東は高槻《たかつき》町及び京都府との境界を廻り生駒山麓を南下して南河内郡内大鉄沿線の国分町（村）付近までを画る現在の都計地域六千八百万坪の約三倍の大都市計画区域」であったという。[24] ここで述べられている区域は、一九三〇年当時における大阪「都市圏」（六二ページ図2）のうち大阪府に属する範囲とほぼ対応するものであり、実現していれば東京都市計画区域(一九三二年に東京市域となった、現在の東京都区部に相当する範囲)に匹敵する大区域構想であった。

ところが大阪府が右のような検討に着手した一九三〇年代初頭は、地方計画論の台頭を背景に都市計画行政のあり方が大きく転換した時期でもあった。よく知られるように、地方計画とは一九二四年のアムステルダム国際都市計画会議における決議を画期に都市計画の理想とされるようになった考え方で、その特徴は大都市の無制限な発達を望ましくないものとみなし、「過大都市」の抑制策として「衛星都市」による人口の分散や大都市周囲への緑地帯・「自由空地」の設定をめざす点にあった。

大阪の場合、関一がこうした考え方を取り入れた「分散主義」的都市論を主張していたことが知られるが、関の目標はあくまでも「大大阪」の建設にあったといえる。[25] これに対し、飯沼一省(一九三一年から三四年にかけて内務省都市計画課長)に代表される一九三〇年代の地方計画論は、都市の膨張を前提とする「大都市主義」的な都市計画法のあり方そのものの見直しを主張するものであり、そこでは「今日努めなければならぬことは、都市拡張計画よりも先づ都市分散計画である」「一都市の膨張を計画するよりも、先づ其の周囲にある聚落の開発をはかり之を核心として小都市を構築する計画をしなければならぬ」と、都市計画の重点を「衛星都市」建設に移行させることが主張されていた。[26] 一九三三年におこなわれた都市計画法の改正では、町村に対しても都市計画法の適用が可能となり、また都市計画区域と市町村行政区域の一致が原則となったが、その背景にあったのはこうした地方計画論の「分散主義」「小都市主義」だったのである。

さて右のような動向は、大阪府の都市計画行政を劇的に転換させることとなる。すなわち一九三二年を境として「大都市主義」的な都市計画区域拡張案は放棄され、「過大都市」大阪の膨張抑制を理念とする一連の施策が推進されるようになるのである。その具体的方策が個別町村に対する都市計画法の適用であり、その第一陣である一四町村(豊能郡豊中町・池田町・箕面村、三島郡高槻町、北河内郡三郷村、中河内郡布施町・小阪《こさか》町・彌刀《みと》村・加美《かみ》村・長瀬村、南河内郡柏原町・長野町、泉北《せんぼく》郡高石町・大津町)は、一九三三年十二月にいっせいに指定を受けている。ついで大阪府は三〇余の町村に対する都市計画法の追加指定を企図したが、これらの町村のほとんどは大阪市周辺における郊外化・都市化の顕著な地域であり(図7)、大阪府が改正都市計画法を活用して都市大阪の拡大状況に対応しようとしていたことがうかがえる。

さらに大阪府ではこれらの都市計画町村を「衛星都市」と呼び、それらをブロック化することで府下町村の再編成を実現しようとした。それは「北部豊能郡では池田町、豊中が中心となって北豊島、熊野田、麻田《あさだ》、桜井谷、秦野の各村を完全な一ブロックに形成……健康の緑樹都市を建設し、南にくだれば市部に隣接して中河内郡小阪町、布施町、長瀬村を中心として八尾《やお》、竜華《りゅうげ》町、玉川、意岐部《おきべ》、久宝寺《きゅうほうじ》の各村を合して東郊の生産都市とし、枚岡《ひらおか》、縄手《なわて》、大戸の南北に連る各村は生駒連山を東北に、奈良県の風致計画と呼応して府民の「休養都市」たらしめ」云々というものであったが[27]、これは要するに隣接する都市計画町村のブロックをつくることで、時間のかかる町村合併によることなく、事実上の「衛星都市」を実現しようとしたものといえる。そしてこうした「衛星都市」の育成により、大阪市の人口の分散を促進し、「過大都市」大阪の膨張を阻止することが目ざされたのである。

かくして大阪府は都市計画法改正を転機として、町村都市計画を梃子《てこ》とする積極的な郊外の組織化＝「衛星都市」の建設に乗り出そうとした。ところがその前提である都市計画法の追加指定は停滞し（第二次指定は一九三九年にずれこむ）、やがて町村「衛星都市」構想に関する報道は立ち消えとなってしまう。その間の事情は不明であるが、大阪府の構想になんらかの誤算が生じたことは間違いない。そこでかわって大

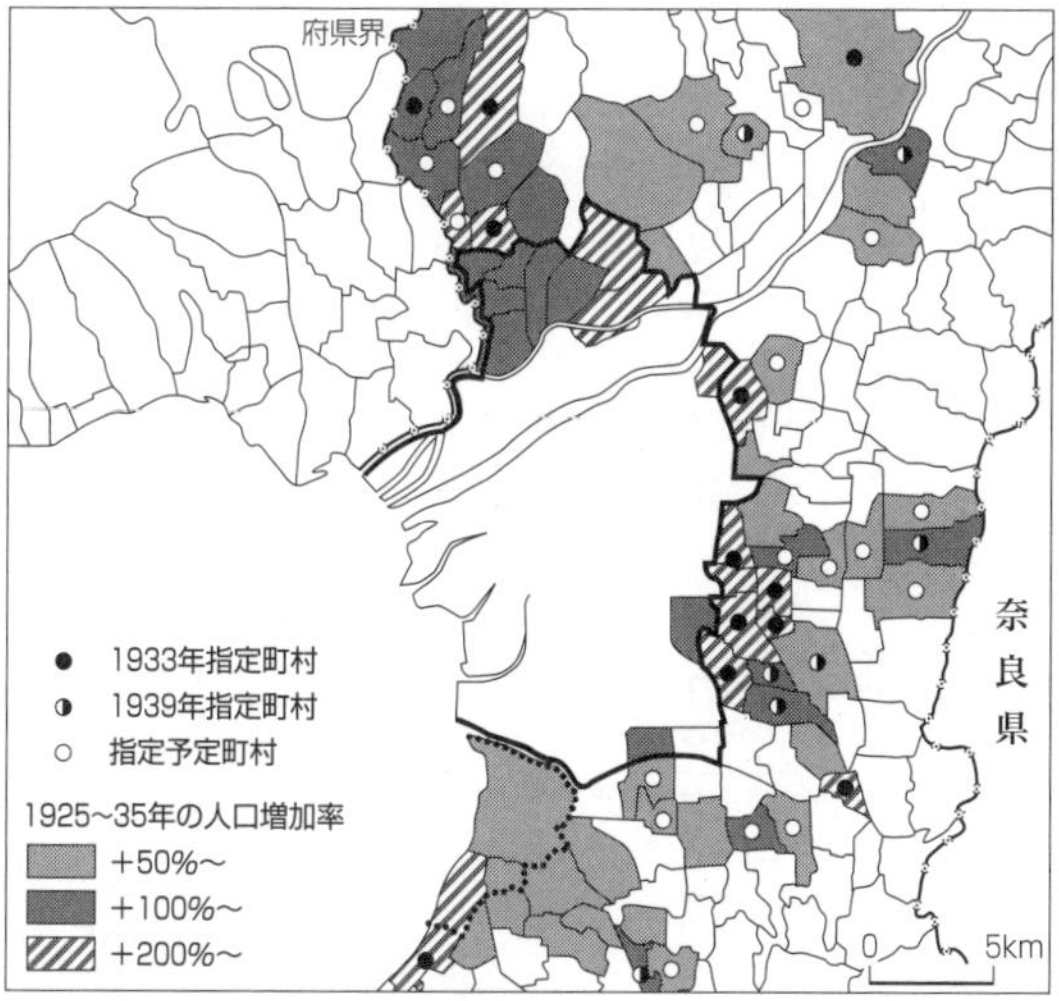

図7　大阪府の町村都市計画案
著者作成。

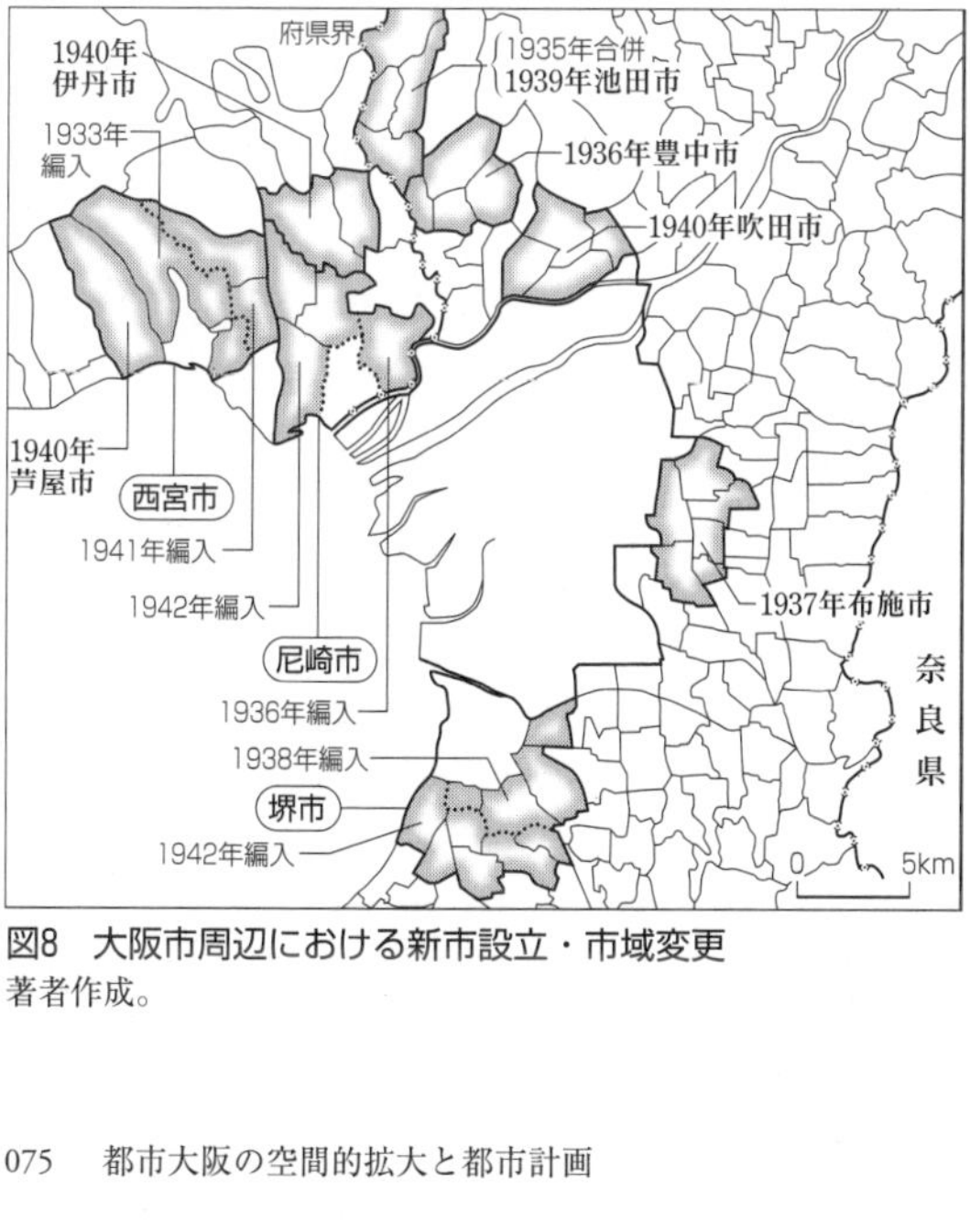

図8　大阪市周辺における新市設立・市域変更
著者作成。

阪府が打ち出したのが、「市制実施有資格町を昭和十四年度末までにいずれも「市」に昇格」させるという「正攻法」による「衛星都市」建設方針であった。[28] 一九三〇年代後半の大阪府では、一九三六年十月に豊中市(豊能郡豊中町ほか三村が合併)、一九三七年四月に布施市(中河内郡布施町ほか一町四村が合併)、一九三九年四月に池田市(一九三五年八月に豊能郡北豊島村ほか二村と合併した池田町が市制施行)、一九四〇年四月に吹田市(三島郡吹田町・千里《ちさと》村・岸部村と豊能郡豊津村が合併)とあいついで「衛星都市」が誕生することになったが(図8)、その背景には以上のような大阪府の「衛星都市」建設＝「過大都市」大阪の抑制政策があったのである。

3　戦時都市計画の都市空間認識

前述のような「過大都市」大阪の抑制という問題は、日中戦争期になると防空その他の戦時的課題と結びつき、「国土計画、地方計画、都市計画が大阪市に要求する最大のものは正《まさ》にその疎開であり、分散である」[29]とまでいわれるようになる。そして大阪市をめぐる都市計画のあり方も、戦時的・国家的観点からあらためて見直されるようになるのである。

大阪都市計画の見直しへの動きが表面化するのは、大阪府が大阪市とともに大阪都市計画再検討協議会を設置した一九三九年以降のことである。それは大阪市の膨張を現状のまま放任すれば、三〇年を待たずして人口一〇〇〇万を超える膨大な市街地が大阪平野に現出するという予想のもとに、都市大阪の「過大都市」化を抑止する抜本的な対策を検討するものであり、こうした検討のなかから「大阪市の限り無い膨張を抑制し高度国防国家の確立に一大貢献をなす」施策として登場したのが、一九四一年に発表された「大阪緑地計画」構想(図9)である。この構想のうち大緑地は「大阪都市計画緑地」(一九四一年十二月三日告示)として、緑地帯の部分は修正を受けながらも防空法に基づく「大阪防空空地及空地帯」(図10、一九四三年三月十日告示)として認可を受けている。[30]

こうした大阪府の緑地構想は、従来からその必要が認められていた「グリーンベルト」構想が、都市防空という戦時的要請を背景に実現がめざされるようになったものであり、そこには当時の大阪府がいだいていた都市大阪像が反映されていると考えられる。そこで注目されるのは、大阪市街地の拡大に対する防波堤たるべき環状緑地帯が大阪都市計画区域のさらに外部に設定されている点である。この点について、環状緑地帯を踏襲した「外環状空地帯」の指定方針は、それを「大阪市、堺市、布施市、吹田市等ノ実質的大阪市ヲ構成スル市街地ノ外周ニ於ケル現存空地(山林、農耕地等)ヲ……帯状ニ連続セシメ大大阪ヲ囲《い》繞《にょう》スル如ク布置」するものと述べている。[31]つまり大阪市に堺市・布施市・吹田市などの「衛星都市」を加えた範囲こそが「実質的大阪市」であり、「大大阪」であるというわけである。この意味で大阪府の緑地構想は、もはや現実との乖離《かいり》が甚だしくなっていた大阪都市計画区域のあり方を見直し、それを「実質的大阪市」の範囲(大阪府の構想では尼崎市一帯も含まれる)で再設定したものともいえる。

しかし防空空地帯では削除されたものの、大阪府の本来の構想では、環状緑地帯の外郭にも放射状緑地が設定されており、また大阪平野の「外輪山」一帯が「山地施設帯」として組み込まれていた。これは明

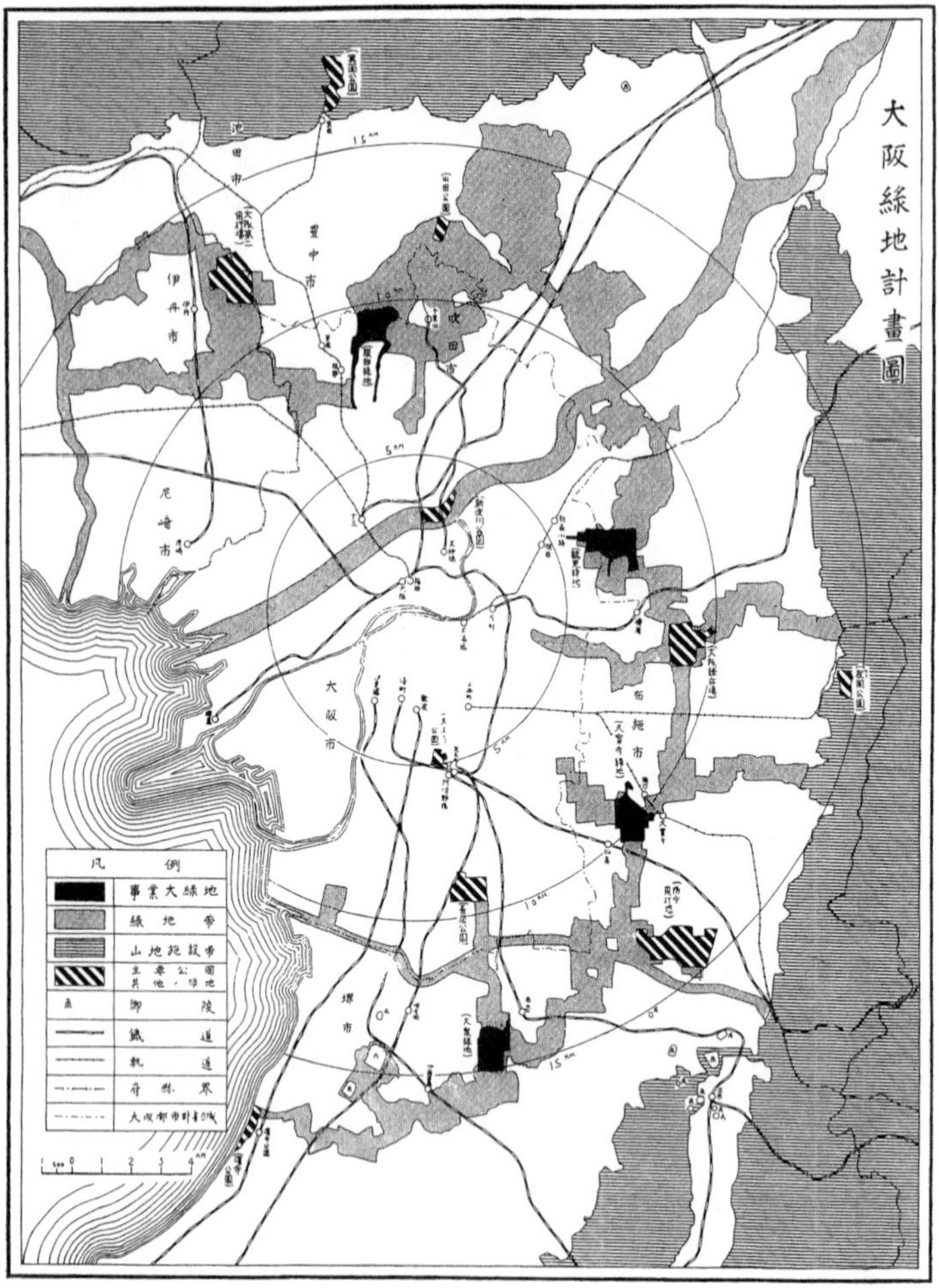

図 9　大阪緑地計画図
［出典］『公園緑地』5 巻 9 号(1941 年 10 月)。

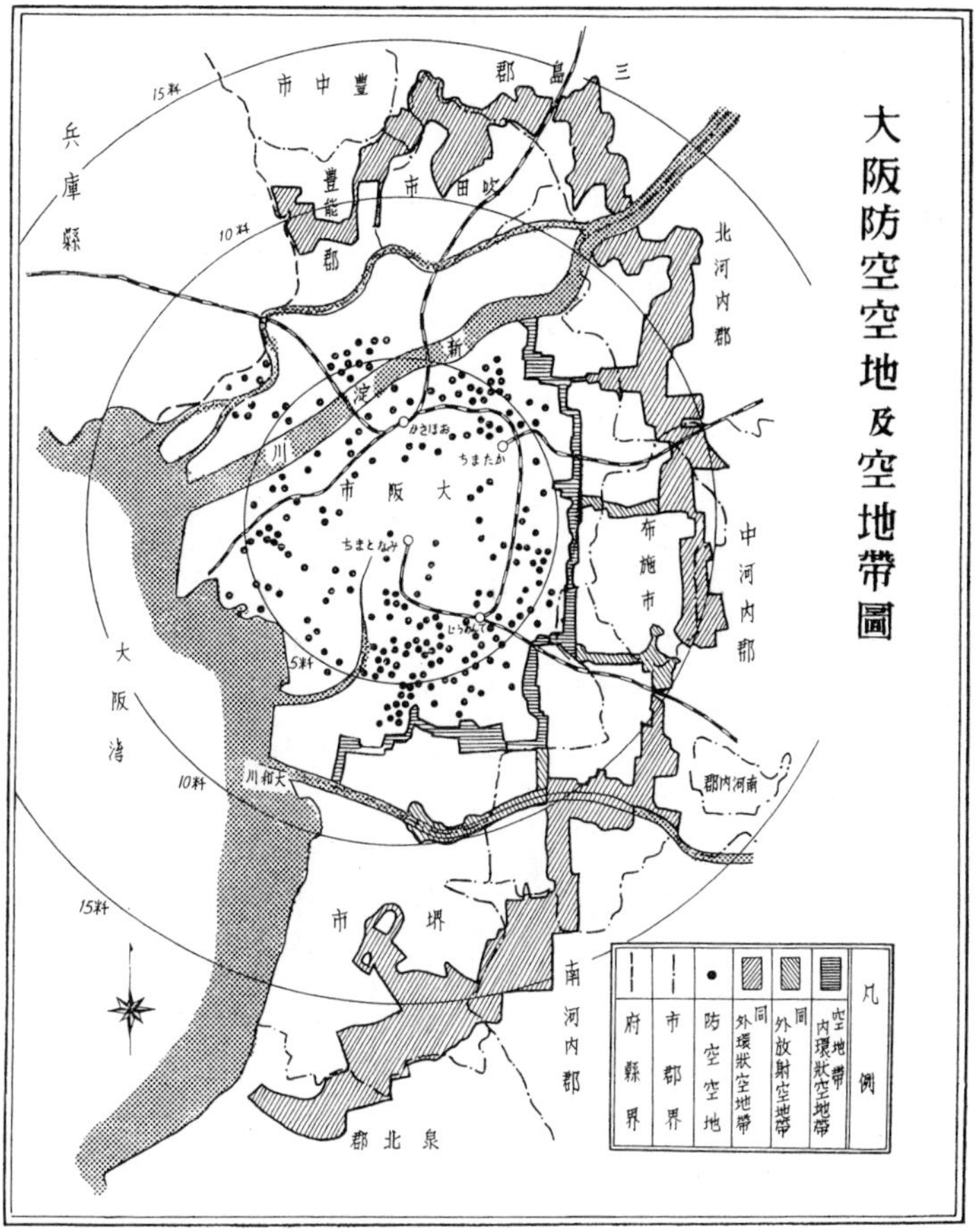

図 10　大阪防空空地及空地帯図

［出典］『都市公論』26 巻 9 号(1943 年 9 月)。

らかに「実質的大阪市」の外部における郊外化・都市化に対応したものであり、そこに「外輪山」が組み込まれているのも、「山上・山麓の所々」が「漸次宅地化し……天恵の緑地が唯荒廃への一途を辿りつゝある」状況への対策が必要とされていたからであった。[32]こうした問題を視野に入れた大阪府の緑地構想は、「実質的大阪市」のみならず、都市大阪空間の「実質的」広がりに対応した広域都市計画＝「地方計画」であったと評価することができよう。

ところが戦時期の大阪では、右のような「大阪市」の膨張抑制を主眼とした大阪都市計画の再検討に逆行するかのように、大阪市が第三次市域拡張構想を主張するようになっている。そこにいたる経緯を振り返っておくと、もともと大阪市隣接町村は大阪市への編入を望む傾向にあり、一九三〇年代には第二次市域拡張から取り残された大阪都市計画区域内町村を中心に大阪市への編入運動が繰り返しおこなわれていた。例えば一九三五年十月におこなわれた一一カ町村の編入陳情には、「衛星都市」として自立することになる布施町や吹田町の代表者も含まれていたが、こうした動きに対し大阪市はまったく関心を示そうとはしなかった。先述のように一九三〇年代後半に布施市や吹田市が成立したのは、大阪府の「衛星都市」建設方針にそったものではあるが、その前提にはこれらの町村が大阪市の態度に見切りをつけたという事情があったのである。

ところが大阪府で大阪市をめぐる「都市計画」の再検討がなされるようになった一九三九年、大阪市は従来の立場を一転させ、市域の大拡張計画＝第三次市域拡張構想の検討に着手することになる。二年にわたる調査検討をへて、一九四一年六月に発表されたその構想は第一案から第三案まであったが(図11)、大阪市は「三案中の最大案をもってあくまで実現に邁進する」決意を表明していた。[33] この最大案である第一案とは、市庁舎を中心とする半径約一六キロメートル（約一〇マイル）を基準に七市一七町六九村（約六二〇平方キロメートル、人口一三〇万人）を編入するという大規模なもので、これが実現した場合、大阪市は総面積八〇九平方キロメートル、人口四五五万人（一九四〇年国勢調査による）となり、東京市（約五七〇平方キロ

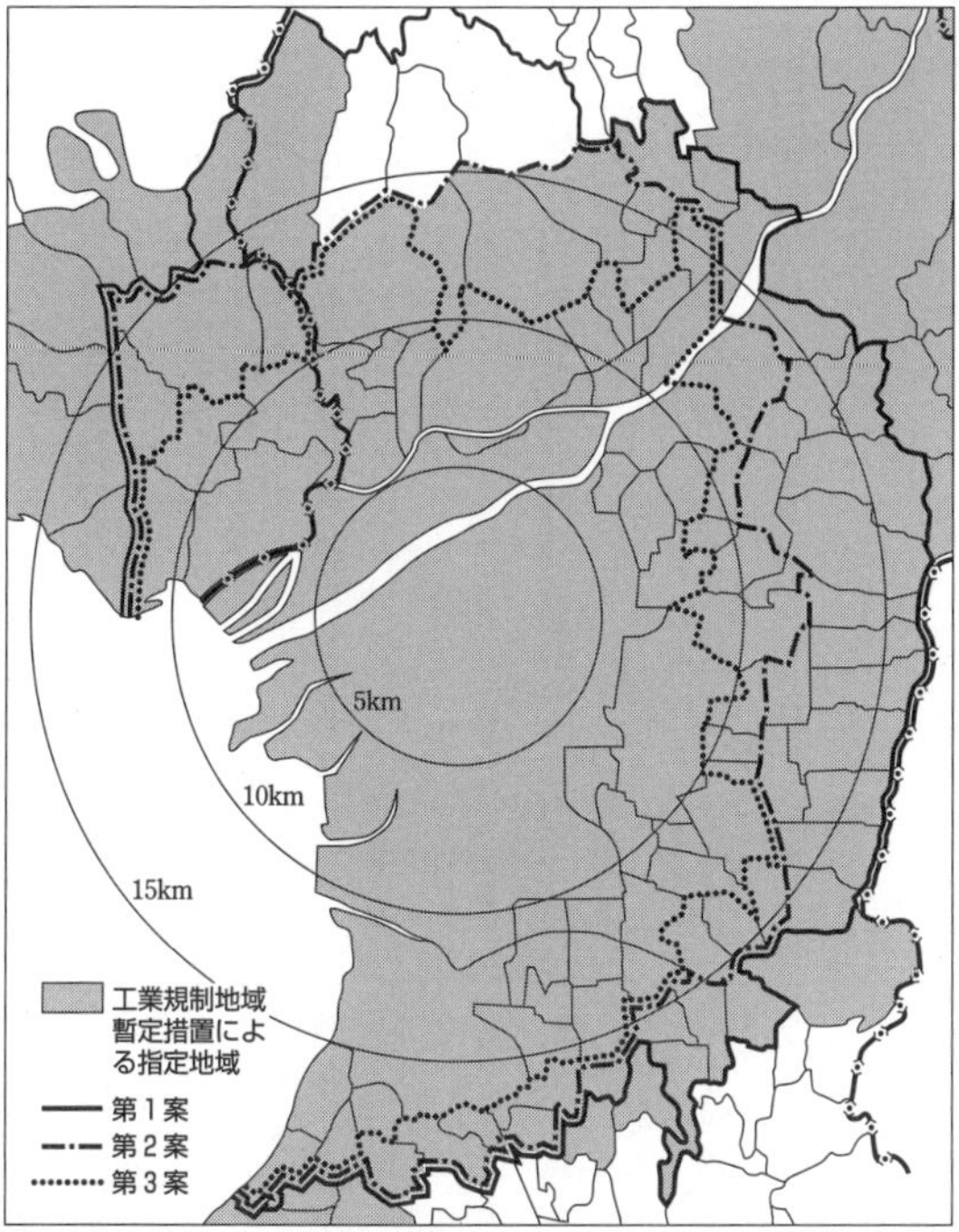

図11　第3次大阪市域拡張案
著者作成。

メートル、人口六七八万人）と拮抗《きっこう》する巨大都市に飛躍するはずであった。なお、一九四〇年時点における大阪市は、人口では東京市につぐ全国第二位、面積では東京市、横浜市、京都市につぐ第四位の都市となっていた。

こうした市域拡張構想は、それ自体が大阪市の総力戦体制構想ともいうべきものであり、その性格は単純ではない。しかしここで注目しておきたいのは、それが「高度国防国家建設ヲ目標トシ生産力拡充、国土防衛強化ヲ期スル国土計画竝ニ地方計画ノ要請スル大阪市ノ諸機能ヲ深ク省察シテ之ニ即応[34]」するものとして提起されていたことである。すなわちそこでは、大阪市域がもはや飽和状態に達している現状が指摘され、住宅不足や交通機関の混乱の解決、時局産業の工場用地の確保、そして「過大都市」の分散・疎開や緑地の設定による防空都市の建設といった国家的課題を達成するためにこそ大阪市域を拡張し、統一された行政主体による強力な都市計画をおこなう必要が強調されていた。なお第三次市域拡張案の範囲は、大阪府の緑地構想の対象地域とほぼ照応するものであり、第二案・第三案の区域も大阪府の緑地帯案を基準として設定されていた。これらの点を踏まえれば、大阪市の市域拡張構想とは、大阪府が緑地計画・地方計画として実現しようとした諸課題を、大阪市そのものの拡張によってより全面的かつ効率的に遂行することを主張するものであったと考えられる。こうした性格をもつ第三次市域拡張構想は、戦時下における大阪都市計画再検討の動きの一つのあり方を示すものであり、かつその実現をめぐる大阪府への対抗構想であったといえよう。

また大阪市の主張でさらに注目されるのは、その根拠として大阪市の「生活圏」の問題があげられていることである。すなわち大阪市が拡張の対象とした地域は、大阪「市内ニ職域ヲ有スル者多数居住スル近郊区域」であり、大阪市を中心とする「一大生活圏」「社会的、政治的、経済的生活ノ実際領域」を構成しているという空間認識である。[35] 大阪市ではこうした「生活圏」を基礎とした拡張予定区域を「大大阪地区」と呼び、それが直面する問題を以下のように指摘している。[36]

元来社会経済生活上一体ヲ為セル大大阪地区ガ大阪市ヲ中心トスル数多ノ小行政主体ノ間ニ分割セラルル現状ハ、一般ノ地方行政上ニモ、当然ニ多大ノ不都合ヲ生ズベキハ見易キ処ナリ。此等ノ行政主体ニ在ツテハ大阪市トノ生活上ノ利害関係ノ濃密ナルニ伴ヒ、所謂昼間市民、夜間市民ノ問題ヲ生ジ、住民ト其ノ土地トノ地縁的結合ヲ弱化セシムル傾向ヲ認メザルヲ得ズ、此ノ事実ハ此等地区ニ於ケル自治ノ振興ニ多大ノ困難ヲ感ゼシムルモノアリ。現下特ニ重要性ヲ増シ来レル日用物資ノ配給及配給業務ノ地域的再編成ニ当リテモ、小行政主体ノ併立ハ、徒ラニ事務ノ混乱、重複、不公平、無駄、煩瑣ト需給ノ不適合、不必要ナル摩擦ヲ招来スルノミニシテ、一体ヲ為セル生活関係地区ニ対スル一元的措置ヲ講ゼザル可カラズ。

ここにあげられている問題は、これまで確認してきたような「郊外」の拡大状況を踏まえれば、戦時下の大阪市およびその「郊外」住民にとってとりわけ深刻な問題として浮上していたと考えられる。「過大都市」の分散が高唱される戦時下において、大阪市があえて市域拡張に乗り出した背景の一つには、右のような大阪市と「大大阪地区」（＝大阪「市民」の「生活圏」）との制度上の乖離が、戦時都市行政遂行上の桎梏となって顕在化するという状況があったわけである。

ともあれ以上のように戦時下の大阪では、都市大阪のあり方をめぐる大阪府と大阪市の対立が生じたのであるが、それらはいずれも「過大都市」大阪の人口・産業をいわば大阪「都市圏」レヴェルへと分散させることを標榜したものであった。ところがこうした大阪「都市圏」は、人口・産業の再配分をめざす「国土計画」の第一弾として閣議決定された「工業規制地域暫定措置」(一九四二年六月二日)によって、工業および人口が過度に集中している地域とみなされ、そのほぼ全域が工場の新設・増設を原則として禁止する地域に指定されることとなる(図11)。国家的観点からみた場合、「過大都市」大阪ばかりではなく、「過大」人口をかかえる大阪「都市圏」そのものの疎開・分散が問題であるとされたわけである。[37] 戦時体制の要請が最終的に浮き彫りにしたのは、発達した大阪「都市圏」の姿だったのである。

都市大阪研究の新たな展開へ向けて

前述のように戦時期にはさまざまな観点から都市大阪の「実質的」あり方が再検討され、「大大阪」概念の拡張がみられたわけであるが、それは決して戦時体制下における一過性のものではなかった。一九四九年、大阪市ではシャウプ勧告を契機として「大都市行政調査委員会」を設置して戦後の情勢に対応した都市計画の検討に乗りだし、一九五一年には豊中市・吹田市・守口市・布施市・八尾市を含む五市一一町村を、「大大阪の綜合的都市計画を樹立するにふさわしい区域」として市域に編入する方針を発表するのである。[38] しかし結局のところ、大阪市の第三次市域拡張として実現したのは隣接六町村のみであり(一九五五年)、その後の大阪市は行政区域としての都市のあり方が、「実質的」都市のあり方に比して著しく小さい都市として知られるようになる。[39]

以上のような検討を踏まえれば、大阪市という自治体を単位とする都市大阪研究の限界性は明らかであり、とりわけ大阪市の周辺に新たな「衛星都市」群が成立してくる一九三〇年代以降においては、むしろ「郊外」こそが都市大阪の空間的拡大の中心となっていたように思われる。こうした筆者の観点が誤りでないならば、都市大阪研究を発展させるうえで検討されるべき問題は多岐にわたるであろう。例えば本稿で検討した「衛星都市」に力点をおいた大阪府の「地方計画」が、同時期の東京を中心とする「地方計画」と大きく異なっている点[40]は、その前提となる都市計画のあり方の相違との連関で検討される必要があるし、そもそも従来ほとんど進展していない大阪府レヴェルにおける都市政策研究が、本稿では扱うことができなかった兵庫県の動向とともに本格的に取り組まれる必要があろう。

また一九三〇年代において大阪府警察部建築課長・都市計画大阪地方委員会幹事(一九三二〜三九年)として府の「衛星都市」構想を推進し、戦後は大阪市立大学教授として大阪市域拡張の必然性を主張した中澤誠一郎は、関一を「田園都市論者」「小都市主義者」であり、のちには「地方計画の至上論者」であったと評し、そうした関に主導された大阪市の態度が、その後における大阪市の不自然なまでに「小さな」市域の一因となったと指摘している。[41] こうした指摘を本稿で確認した「郊外」の広がりや「小さな」都市計画区域の問題を踏まえて読み直した場合、従来「大都市主義」的でありかつ「分散主義的」であるという矛盾した評価を受けてきた関の都市構想についても、再検討が必要であるように思われる。なおその際には、本稿で扱うことができなかった特別市政問題との関連も明らかにされる必要があろう。

しかし「郊外」の問題がもっとも重要な意味をもつのは、住民の社会的階層の観点から都市のあり方を明らかにしようとする研究においてであろう。[42]なぜなら本稿で検討したような「郊外」のあり方は、大阪「市民」のうち「上流」「中流」に属する階層の少なからぬ部分が、戦前期においてすでに大阪市域外に生活の場を有するようになっていたことを意味するものだからである。こうした住民の「居住分化」のあり方は、自治体としての大阪市や「郊外」市町村のあり方に独特の性格を付与するものであったと考えられるが、それがどのようなものであったのかが問われねばならない。都市大阪研究が取り組まねばならない課題は数多いのである。

1 代表的なものとして芝村篤樹『関一——都市思想のパイオニア』(松籟社、一九八九年)、芝村篤樹『日本近代都市の成立——一九二〇・三〇年代の大阪』(松籟社、一九九八年)、小路田泰直『日本近代都市史研究序説』(柏書房、一九九一年)、杉原薫・玉井金五編『大正大阪スラム——もうひとつの日本近代史』(新評論、一九八七年)、小山仁示・芝村篤樹『大阪府の百年』(山川出版社、一九九一年)、新修大阪市史編纂委員会編『新修大阪市史』第六巻・第七巻(大阪市、一九九四年)などがある。

2 代表的なものとして津金澤聰廣『宝塚戦略——小林一三の生活文化論』(講談社、一九九一年)、安田孝『郊外住宅の形成 大阪——田園都市の夢と現実』(INAX出版、一九九二年)、大阪市立大学地理学教室編『アジアと大阪』(古今書院、一九九六年)、「阪神間モダニズム」展実行委員会編『阪神間モダニズム——六甲山麓に花開いた文化、明治末期—昭和15年の軌跡』(淡交社、一九九七年)、豊中市史編さん委員会『新修豊中市史』第九巻(豊中市、一九九八年)、角野幸博『郊外の20世紀——テーマを追い求めた住宅地』(学芸出版社、二〇〇〇年)、片木篤・藤谷陽悦・角野幸博編『近代日本の郊外住宅地』(鹿島出版会、二〇〇〇年)などがある。

3 成田龍一『近代都市空間の文化経験』岩波書店、二〇〇三年。
4 佐藤信・吉田伸之編『新体系日本史6 都市社会史』山川出版社、二〇〇一年。
5 木内信蔵『都市地理学研究』古今書院、一九五一年、三三九頁。
6 水内俊雄「大阪都市圏における戦前期開発の郊外住宅地の分布とその特質」『アジアと大阪』。
7 例えば『日本地理風俗大系』第八巻・第九巻（新光社、一九三一年）、玉置豊次郎『大阪建設史夜話』（大阪都市協会、一九八〇年）など。
8 石川雄一「戦前期の大阪近郊における住宅郊外化と居住者の就業構造からみたその特性」『千里山文学論集』六二号、一九九九年、石川雄一「大正期・昭和初期における住宅郊外の誕生と通勤事情」富田和暁・藤井正編『図説 大都市圏』古今書院、二〇〇一年。
9 水内俊雄「近代期大阪の空間構造と居住分化」『都市文化研究』二号、二〇〇三年。
10 都市圏の定義については、富田・藤井編『図説 大都市圏』などを参照。
11 大阪市役所商工課「大阪市の交通機関と人口分散状況」『大阪市商工時報』五五号、一九二四年八月。
12 吉田信武「大阪市に於ける勤労者住宅の分布調査」『建築学研究』七七号、一九三五年七月。
13 吉田信武「大阪市内工場通勤者距離表」『建築と社会』一九輯六号、一九三六年六月。
14 「大阪の電車(二)」『大阪朝日新聞』一九二四年七月二十七日。
15 豊中市史編さん委員会『新修豊中市史』第九巻、二七五頁。
16 庶務部調査課「大阪市近郊の現況に就て」「市域拡張資料(その一)」所収。大阪市公文書館所蔵。
17 『第一次大阪都市計画事業誌』大阪市役所、一九四四年、八四〜八五頁。
18 「大阪市の交通機関と人口分散状況」。ただしこれらの数値には第二次市域拡張により大阪市に編入された地域からの通勤者を含む。
19 「市域拡張資料 昭和十六年」「市域拡張関係資料」所収。大阪市立図書館所蔵。ただし調査の範囲は第三次市域拡張予定区域（後述）内。

20 都市計画区域については中邨章『東京市政と都市計画――明治大正期・東京の政治と行政』敬文堂、一九九三年を参照。

21 「大阪都市計画区域設定理由書」『都市計画大阪地方委員会議事録』（第一回～第二八回）。

22 「現在の五倍となる大大阪の区域」『大阪朝日新聞』一九二一年六月九日。

23 「市の答申は未決定」『大阪朝日新聞』一九二一年六月二十五日。

24 「北は箕面・東は生駒 超大大阪の都市計画」『大阪朝日新聞』一九三〇年九月十七日。

25 芝村『関一』、鈴木勇一郎『近代日本の大都市形成』岩田書院、二〇〇四年などを参照。

26 飯沼一省「都市計画より地方計画へ」『都市公論』一三巻一号、一九三〇年一月。なお飯沼の地方計画論については、梅田定宏「埼玉県の都市計画と「大東京地方計画」」大西比呂志・梅田定宏編『「大東京」空間の政治史――一九二〇～三〇年代』（日本経済評論社、二〇〇二年）を参照。

27 「我国最初〝超大阪〟を造る 多彩の衛星都市誕生」『大阪時事新報』一九三四年八月二日。

28 「生れる新市五つ」『大阪朝日新聞』一九三六年五月一日。

29 西義一「国土計画 大阪都市計画緑地の決定に際して」『情報』一〇〇号、一九四一年十月十五日。

30 三邊長治「大阪府に於ける大緑地設定に就いて」『公園緑地』五巻九号、一九四一年十月。

31 木村英夫「防空空地及び空地帯の指定」『都市公論』二六巻九号、一九四三年九月。

32 田中清志「大阪の外輪山保全方策」『公園緑地』五巻九号。

33 「五衛星都市のほかに尼崎と伊丹をも包含 大阪市の市域大拡張案」『朝日新聞』一九四一年九月十七日。

34 「市域拡張試案 昭和十六年一月」「市域拡張関係資料」所収。

35 「市域拡張案 昭和十六年五月」「市域拡張関係資料」所収。

36 「昭和十七年九月 市域拡張関係資料」「市域拡張資料（二の一）」所収。大阪市公文書館所蔵。

37 ただし指定地域は、神戸、京都、岸和田などを含むより広い範囲におよんでいる。

38 『六ヵ町村合併記念誌』大阪市、一九五七年。

39 例えば青野壽郎・尾留川正平責任編集『日本地誌』第一五巻（二宮書店、一九七四年）、日本国土大系編集委員会編『図説日本国土大系』第三巻（誠文堂新光社、一九六七年）など。

40 東京地方における「地方計画」については、大西・梅田編『「大東京」空間の政治史』、梅田定宏「首都東京の拡大」中野隆生編『都市空間の社会史　日本とフランス』（山川出版社、二〇〇四年）などを参照。

41 中澤誠一郎『都市計画上大阪市の区域をどう考えるべきか』大阪市行政調査室、一九五〇年、中澤「大阪都市計画雑感」『新都市』六巻一〇号、一九五二年十月。

42 こうした観点の重要性を提起したものとして、広川禎秀編『近代大阪の行政・社会・経済』（青木書店、一九九八年）がある。

Ⅱ

都市空間と民衆

フランス

パリにおける産業雇用と労働者住居

距離の多元性、生活様式の多様性

アラン・フォール
中野隆生・岡部造史 訳

日常活動のさまざまな場をへだてる距離は、誰がどこに生きるにせよ、生活の基本的な条件である。長いあいだ、大都市の貧しい住民は狭い区域のなかで生涯を過ごすとされてきた。少なくとも、歴史家はそう記すか、ともかくもそう信じようとしてきた。十九世紀のパリについても、「少なくとも地下鉄ができるまでは間違いなく、歩いて仕事に通っており」、労働時間が一〇～一二時間であったから、「必然的に職場のある街区に縛りつけられていた」とされた。[1] 例えば女性労働史の専門家カトリーヌ・オムネスは、両大戦間期パリの都市空間は、伝統的な「仕事や近所づきあいといった社会的結合《ソシアビリテ》で結びついた街区に分断され」、賃金生活者はいつも「限られた範囲内で移動」していたのかという問いを立てている。[2] たしかに、かつての民衆街区がじつにさまざまな機能を担っていた（いろいろな言い方が可能である）との考えを受け入れるなら、職場と住居が近接していたことにはまったく疑いのはいる余地がない。[3] そのため、多くの著述家が、都市民衆の歴史のなかで、労働の場と居住の場が突如として分離して生活様式が大きく変わり、古い街区は終焉を迎えたと述べる。ただ、その転換の時期がいつなのかについては、多くの場合、極めて曖《あい》昧《まい》なままであり、[4] にもかかわらず、誰もが、大量輸送機関が誕生し労働時間が短縮される以前、[5] 都市の労働者は都市内の同じ一角から出ることなく暮らし、働かざるをえなかったと、ほとんど当然のごとくみなすのである。[6]

もちろん、明白だからといっても立証できるわけではない。だから、この距離に関する問題は全面的に再検討するべきなのである。ここには、複雑といわないまでも（単純なテーマなどあろうか）、おそろしく困難なテーマがある。ある時期の賃金生活者すべてについて住居と雇用の空間的な位置関係が同じことなどありえようか。また、かつて共通の規則が存在したことなどあろうか。他方において、場所と場所の距離を測るといっても、場所そのものが固定的で動かないわけではない。労働者がよく転居したことはもはや証明するまでもない。[7] また、あまり知られていないものの、労働者が頻繁に職を変えたことは、あらゆる点からみて間違いない。さらに、そもそも企業は移転するものであった。[8] かくも変転する場所のあいだで動く賃金生活者にとって、移動の距離がいつも同じということがあろうか。最後に、距離とはすなわち時間であるからには、場から場へ移動する手段が問題となる。もちろん歩いたのであるが、地下鉄ができる以前ですら、すべての人が歩いていたわけではなかった。いまや都市交通機関に関する公共政策の歴史はよく知られている。[9] しかし、交通機関の社会的な活用のされ方、つまり、個々の路線網の敷設、運賃、運行時間、便数によって、利用できる良き顧客が選別され（もっといえば「つくられ」）、その反面で、利用から排除される顧客の需要が満たされることはないという事実について、体系的な検討はおこなわれていない。あらゆる移動の背後には、さまざまな状況、変数、与件が不断に作用し、個人はその間をかいくぐるしかない。ここには、「都会の生活条件」とでも呼びうるものの痕跡の一つが認められるのである。

1　労働者たちの移動

こうした距離はどのような空間に組み込まれていたのだろうか。ここでは、一八六〇年の市域拡張以降におけるパリ都市圏の大雑把な区切り方を再確認しておけば十分である（図1）。まず都心（フォブールに囲まれた古くからの歴史的中心地区）、つぎに周縁域（パリに合併された区域）、そして郊外（セーヌ県のパリを除いた区域）である。郊外に実体的なまとまりはないが、一八八〇年代以降、全体として、その比重は加速度的に増大した。従来いわれていたよりも明らかに緩慢であったが、都心から周縁域への労働大衆の移動は現実に発生した。他方において、労働者色の濃かった周縁域は徐々に労働者的な郊外に囲まれるようになった。また、そうした郊外は、自らの意志において、あるいは強いられて、周縁域を離れた労働者や、一九一四年までに飛躍的発展を遂げた産業がひきつけた移住者が増えることで成立した。[10] ところが、同時期に、雇用のほうは住居と異なった動きをみせた。都心の街区は極めて長いあいだ産業の重要拠点であり続け、周縁域も大規模な工業化のゆえに、一九一四年でもなお、郊外よりはるかに多い雇用を提供していた。[11] このような非常に大雑把な分析からでさえ、雇用と住居とのあいだにずれの生じていたことがわかる。要

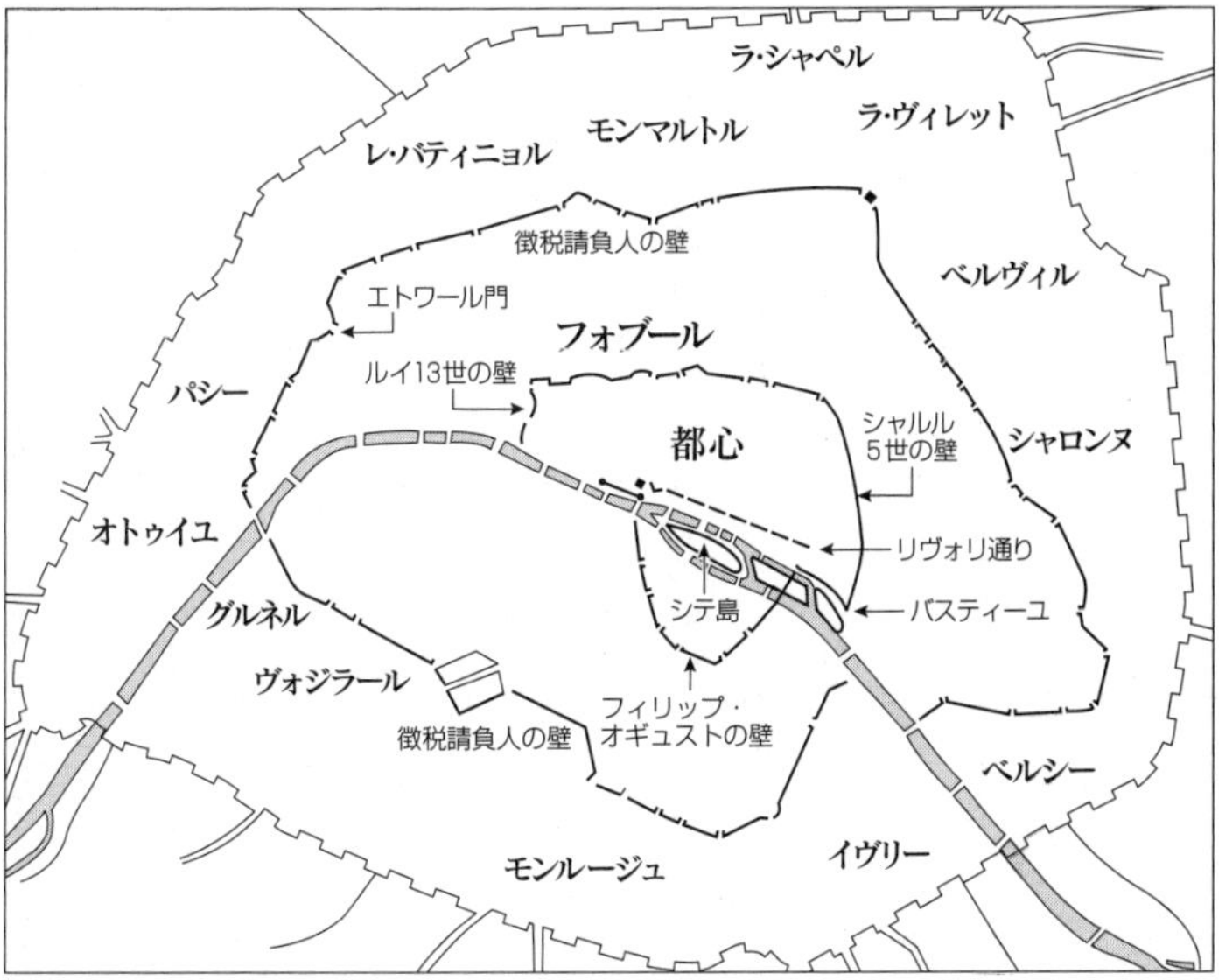

図1　パリ概念図

するに、労働者が都心を離れても、雇用の一部は都心に残ったのである。そうだとすれば、周縁域の仕事場や工場は必要な労働力の補塡を郊外に求めるしかなかった。

しかし、当時の人びとはどう考え、どう語っていたのだろうか。パリの街を観察していた人びと、つまり警官、衛生学者、ジャーナリスト、作家などのほとんどは、労働者について、群れをなし長い道のりを歩いて仕事に行き、仕事から帰るというイメージをいだいていた。ベルヴィルの人びとが、朝、ポパンクール街やマレ地区の仕事場へ降りていく様子は新聞で幾度となく描かれた。ここで改めて、一八七七年に発表されたエミール・ゾラの小説『居酒屋』が、「モンマルトルやラ・シャペルの高みから……、足音高く大勢で」くだっていく一群の労働者の光景で始まり、夕方になって労働者がゆっくりと坂道をのぼっていく場面で閉じられていることを指摘しよう。[12] 実のところ、これらのイメージは、一部誤っているというか、部分的なものでしかない。そこでは群衆がいつも徒歩で移動するように描かれ、また、まるで雇用がみな都心にあって周縁域は広大なベッドタウンであるかのごとく、都心と周縁域の行き来だけがとりあげられる。もちろん、実際には、ベルヴィルで暮らし、かつ働くことが可能であった。にもかかわらず、ブルジョワジーの考えでは、労働者とは仕事のために長い距離を歩いて通うものであった（図2）。

では、当の労働者はどう語り、どう考えていたのだろうか。こうした日々繰り返される移動、つまり「通勤路《シュマン》」について、男性の言葉しか見つけられないとしても、なんの驚きがあろうか。何も書き残さなかった女性にはのちに類型論にそくして言及することとし、ここでは率直に男たちの言葉に耳を傾けよう。はじめて労働者が発した内容のある言葉として、一八六二年のロンドンと一八六七年のパリの万国博覧会に派遣された労働者代表団の発言をあげることができる。[13] この頃パリでは大規模な公共事業が盛んであったが、同時にまた、つい先ほどふれた貧しい住民の周縁域への移動が始まっていた。代表団による諸報告には、いまや周縁域に立地する住宅と相変わらず都心にとどまる職場との間隙を告発する声しか見出せない。例えば、青銅工たちは、「家賃が高すぎて、表通りの家には住めません。働く者たちのなかには、どんな天気であっても、朝早く、非常に遠くからやって来て、夕方になると、しばしば二リュー〔約八キロ〕の道のりを帰る者があります」と書いている。[14] 彼らによれば、都心の法外な家賃のあばら家か、非常に遠くの住宅か、これがパリの美化のために労働者がはらう代価なのである。パリを離れると、仕事の行き帰りで疲れるだけでなく、子どもに会えなくなったりして家庭生活が乱れ、[15] 家族とは別々に昼食をとるため費用がかさむともいう。「お針子や洗濯女をしている妻が得意客を失う」と付け加える者もいた。[16]

このような古い街区と別れることへの嘆きは、時代の本質にかかわる現実に根ざしていたが、しかし、周縁域の合併よりだいぶ以前から多くの労働者家族が都心での仕事を手放さずにパリの外に引っ越したことなど、その他の事情については黙して語らないのである。ところで、セーヌ県知事オスマンは、このような事情を持ち出して、一八五九年における周縁域の合併を正当化していた。[17] オスマンは、「労働者につ

図２ 「三月」（テオフィル・ステンラン画）　シャベルを肩に土木作業の現場へ向かう男たち。作者のテオフィル・ステンランは，スイス出身のデッサン家，ポスター作者で，革命的社会主義者。
［出典］*Almanach du bibliophile pour l'année 1900 contenant trente et une composition de Steinlen,* Paris, Éditions d'art Édouard Pelletan, 1901, « Mars ».

いて、その多くが市壁の外側に住みながら、市壁の内側で仕事や食事を得ているのを知ることは大切です」と記している。さらにいえば、二〇〜三〇年前から大規模な産業が周縁域に叢生し、自らの地元つまり周縁域において大半の従業員を雇い入れてきた。大勢の産業家がラ・ヴィレットやイヴリーに立地を求めたのは、とりわけ従順で文句をいわない労働者がいるという利点があったからにほかならない。とはいえ、そこで表明された労働者の意見に従えば、毎日の通勤は苦痛以外の何物でもなかったのである。

こういった労働者の感情はその後も絶えることなく表明され続けた。その証拠として、議会の労働時間改革検討委員会の手で一八九〇年に作成され、労働審判員名簿に記載されたパリの労働者へ送られた質問表に対する回答を検討してみよう。したがってまたしても男性の言葉であるが、何千もの回答が委員会に届いたために内容が豊富であり[18]、その多くには各自が仕事の行き帰りにかける時間が明記されている。一八六七年の労働者代表団から二〇年以上たっているからには、周縁域の産業が発展して職場との距離が短縮され、いわば雇用が住居に追いついたと思われるかもしれない。ところが、まったくそうではないのである。より正確にいえば、一人ひとりの指摘する時間にかなりの幅がみられる。もちろん、片道一〇分、一五分、二〇分といった短い時間もあるが、三〇分、四五分、一時間ということもあり、そのほうがむしろ多い。さらに、往復で二時間以上、ときには三時間という移動時間さえあり、ことさら建築労働者に顕著である。当然、多くの労働者が仕事に行くのに疲れると不満をもらしているが、そのなかには通勤の時間が短い者も含まれていた。当時の慣行通りに昼食時間が全部で一時間しかないにもかかわらず、昼食をとりに帰宅し、いつも走って職場へ戻る労働者たちがいたのである。何しろ、遅刻すれば、半日分の賃金に相当する罰金をはらわなければならなかった。こうした男たちは「食事《ルパ》は休息《ルポ》ではない」と断じたものだった。

このように、仕事への道のりが相当きつかったため、彼ら働く者たちは、自然の流れとして、通勤時間を労働時間のなかに含めて考えていた。「働く一〇時間と通勤の二時間で、合わせて一二時間」という言い方が頻繁になされた。その結果、大勢の人が、仕事に行くのは疲れるし時間もかかるとして、労働時間の短縮を要求し、そこには八時間労働制を望む声も含まれていた。遠くに住んでいるのだから、その分、働く時間を減らそうというのである。なかには、より良い生活を実現しようと、労働時間の短縮とともに、経済的で速い交通機関を要求する労働者も、なるほど少数ではあるが、いないわけではなかった。

実際、これら労働者の発言には、この頃の交通手段に関する問題点が提示されている。疑いなく、第一の移動手段は歩くことであった。先にあげた通勤時間とはほとんどが徒歩による時間であるが、それだけではない。質問表への回答のなかには、路面電車や乗合馬車など、「乗車費用」に言及しているものがある。周知の通り、パリの市壁の内側にそって走る環状鉄道がすでに大勢の人に利用されており、これを使って、ある周縁域のフォブールに住む労働者がときにはかなり遠くの別のフォブールまで働きに出かけていた。[19] パリでは船も民衆のための交通手段であった。[20] しかし、おおいに公共交通機関が必要とされていたにもかかわらず、不便な運行時間、高い運賃、時に難しい利用条件、不十分な路線網といったことがあり、そのため、労働者の利用は極めて限られていた。

2　郊外からの通勤

この交通機関という基本的問題への論及はひとまず控えたいが、まったくふれないわけにもいかない。すでに一八九〇年頃にみられ、十九世紀から二十世紀への転換期には珍しくなくなっていた、郊外からパリまで労働者が毎日仕事に通う現象に言及しなければならないからである。当時すでに「往復通勤」と呼ばれていたこの行き来に関しては、一八九六年の国勢調査で調査事項が変更されたために、いささか偶然に得られた数値がある。パリをめぐるセーヌ＝エ＝マルヌ、セーヌ＝エ＝オワーズ、そしてとりわけセーヌの三県からパリへ働きに来る住民の数について、一八九六年の国勢調査は「ある程度の人数」とだけ記すが、一九〇一年には九万人、一九〇六年には一〇万人(もしくは一一万三〇〇〇人)という具体的な数値があげられている。一九一一年の国勢調査では、この種の数値は公表されなかった[21]。一九〇六年にはパリの就労者総数がほぼ一七五万人に達していたので、郊外からの通勤者の比重は依然として小さく、就労者全体の六％にも満たなかった。彼ら通勤者の内訳については、一九〇一年にその七二％が男性であったこと以外、何もわからない。一方、少なくとも十九世紀末までは、パリから郊外への人口の流れのなかに、ブルジョワジーや小ブルジョワジーがつねに総人口中の比率より多く含まれたことが知られており[22]、ここから郊外住民の一部は職員層や下級公務員からなっていたと考えられる。しかし、それ以外は労働者であったというしかない。

この点をもっと詳細に知ろうと、私は、旧セーヌ県の市町村および旧セーヌ＝エ＝オワーズ県の一部市町村の古文書館において行政書類を探索し、郊外の市町村に住みながらパリで仕事についていた就労者がどのくらいの割合であったか算出を試みた[23]。多くの資料が紛失しており、作業は非常に時間がかかるだけでなく期待はずれでもあったが、それでも少しは疑問を解くことができた。

パリに隣接する小さな市町村ではパリへ通勤する者が就労人口の三分の一を超えることがあり、例えば、一九一一年に、ジャンティイーでは三五・四％、バニョレでは四二・五％を占めた。工業化の進んだ大きな市町村の場合、労働者をめぐってパリの職場と地元の産業の奪い合いが生じ、このため、パリへの通勤者の割合は低下するが、それでも、一九一一年のオベルヴィリエで一四・九％、イヴリーで二二・二％と高い数値を示していた。このことは簡単に説明することができる。要するに、工場の集まるパリの街区とパリに隣接する市町村の日常的な往来が盛んだったのである。古典的な例はラ・ヴィレットであり、屠殺場などいくつかの企業の従業員はほとんどが隣接のパンタンやオベルヴィリエに住んでいた[24]。パリ第一三区のラ・ガール街区とイヴリーも同様な関係にあった。イヴリー市の資料によれば、イヴリー住民の五六・七％がパリへ通勤していたが、第一三区よりも遠方まで働きに行くことはなかった。これらのケースでは、郊外に住むからといって距離が遠くなるわけではなく、また労働者にも利用可能な路面電車が運行されていた。それでもなお、郊外に住むことは選択の結果だったのである。隣接の郊外なら、家賃がパリより安く、家も大勢の家族が住むのに適していた。菜園を借りられる可能性は間違いなく大きかった。都市の景色もやや違っており、毎日パリの市壁を越えれば、遠くではないが境界の向こうの別世界に住んでいると感じることができた。

それはともかく、新たに発見した郊外市町村の資料からは、はるかに際立ったかたちでの雇用と住居の切断も浮かびあがってくる。セーヌ県内のパリから離れた地域やセーヌ＝エ＝オワーズ県の一部からなる第二の都市的環状地帯にも、つい先ほどあげた数値と同じような比率で住民が毎日パリまで通勤していたと算定しうる市町村があった。パリの西では、アニエール（一九・四％）やコロンブ（二六・六％）、東なら、ジョワンヴィル（二一・六％）、サン＝モール（二九・六％）、ル・ペルー（三八・二％）、北でいえば、エルモン（四三・四％）といった市町村である。これらの市町村はまずもって中産階級の居住地であり、事務所、銀行、パリの高級品店に雇用された職員や管理職の一部が居を構えていた。

しかし、だからといって労働者が少ないわけでは決してなかった。このことを示すものとして、つぎの事実を指摘したい。すなわち、遠く離れた郊外市町村とパリは、ただ交通機関によってのみ日常的に結ばれており、具体的には、一八九九年開通の路面電車（「乗り入れ路面電車」）やとりわけ鉄道が大きな役割をはたしていたのである。すでに一八八三年から郊外鉄道には労働者専用の「労働者列車」が走っており、優待料金で週単位の定期券が売られていた。一九〇五年には五万人ほどが定期券を所持していたとみられるが、これはかなりの人数である。[25] 一般に、労働者にとって、遠い郊外へ住み着くことは、たんにパリの市壁を越えるということだけでなく、まったく異なる別の意味をもち、家族のために一戸建て住宅を建てる計画と結びついていることが極めて多かった。こうした住宅計画のためには大幅に生活を切り詰め、また公共交通機関での長距離の移動からくる経験したことのない疲労を覚悟しなければならなかった。[26] しかし、そのような労苦を望んだのは労働者たち自身であった。もはや郊外は強いられた選択ではなく、新しい生き方になっていたのである。

3　職場と住居、その多様な配置

このように、一八六二年ないし一八六七年以降になっても、事態が明確になったわけではない。労働者自身の言葉を信じるならば、周縁域では住居と雇用が必ずしも距離的に近くなかったらしく、企業は、往々にして遠くから、また非常に遠くから、従業員の一部を雇い入れていた。当然のことながら、都心に残っていた産業では、従業員が増えているにもかかわらず、職場の近くに住める人はかつてなく少なかった。こうした状況では、近接しているにせよ遠く離れているにせよ、職場と住居のあいだになんらかの規則性を探すことは無駄なように思われる。それは無意味な探求である。都市圏においては、同時に、いくつもの状況、人によっては好んで「布置《コンフィギュラシオン》」と呼ぶものがあり、職場と住居という生活上の二極の空間的配置もさまざまだったと考えなければならない。このような省察からは、理念的には説得力をもつとしても、人びとの生きた現実からかけ離れた総括をおこなうよりも、類型論を確立するべきであるという結論が導き出される。

ここで類型論を試みるわけにはいかないが、手短に二つの事例をあげよう。一つは、産業化の進んだ街区における女性労働に関するものである。こうした街区ではつねに女性労働者が多く、たくさんの企業で従業員の主要ないし相当な部分を構成していた。また、女性に非常に人気の高い臨時労働や季節労働をみつけるのも可能だったし、もちろん他所《よそ》と同じように、パンの運搬のようなパートタイムの仕事もあり、この場合にはあまった時間を家事にあてることができた。わかる限りでは、こういった女性の大部分は、職場に近い、場合によっては、ほんの二〜三分のところに住んでいた。ところで、彼女たちには、しばしば、一時間半の昼食時間が与えられ、男たちよりも朝一時間遅く仕事を始めることが許され、一度家に戻って再び出勤することが認められたといわれる。そのかわり賃金はもちろん少なかった。[27] こうしたこと

図3 「十二月」（テオフィル・ステンラン画） 冬の早朝，昼食をいれた籠をかかえて仕事場へ向かうお針子たち。

［出典］ *Ibid.*, « Décembre ».

に、母親や主婦として、また労働者として、二重の仕事をこなすこと以外、なんの理由があろうか。猶予された朝の時間に子どもの世話をし、夫を含む家族の昼食の買い物をすることができた。男たちは自宅でゆっくりと昼食がとれないことを嘆いたが、食事を用意し給仕してくれる妻がいてはじめて家での昼食ができると決して語らなかった。この場合、職住近接が女性の働きすぎの条件となっていたのである。フルタイムの家内労働の場合はどうであろうか。たしかに職住は完璧に一致していたが、労働時間は際限なく、報酬はわずかであった。距離の問題もないどころか、仕上げた品物を少なくとも週に一、二回、ときには毎日、しばしば遠方の商店や女性の請負業者のもとへ届けに行かなければならず、そのために交通機関を使えば、利益のほとんどは消えてしまった（図3）。

しかし、私は、職住近接が極めて悲惨な布置《コンフィギュラシオン》であったと主張したいわけではない。職住近接を、一つの理想として、疲れを減らす唯一の方法として、探し求めた人びともいたのである。例えば建築労働者は通勤距離がたいへん長かったため（「われわれは働き始める前から疲れている」）、絶えず距離との折り合いをつけようとしていた。石工を例にとろう。もともと季節労働者であった石工たちは、パリに住み着く決断をくだすや、当初住んでいた都心の街区を離れて周縁域のもっと快適な住居で、しかも都心からあまり遠くない建設現場の仕事を紹介してくれる「職業斡旋所《グレーヴ》」のすぐ近くの住居に移ろうとした。こうして大勢の石工が、プレーヌ・モンソーやパシーの豪邸の建設現場まで歩いて行けるように、ほど近いパリ第一七区のレ・バティニョルやレ・ゼピネットといった民衆地区に居を定めた。[28] 空間は、社会関係によって、地獄にもなれば、調和的とまでいかなくともまずまずの生活の要素にもなりうる基本的な条件なのである。

さて、選んだにせよ強いられたにせよ、労働者の住む場と産業雇用の場のあいだにあいついで生じる間隙を前提にするとき、まずまずの生活をおくるための条件とはなんであったのか。上記の一八九〇年の質問表に対する回答者たちは、この点にはっきりと言及しており、仕事の面からは労働時間の短縮を、「通勤路」の面からはその名に恥じない交通網の設置を求めた。既述のように、パリ市内においてさえ問題は未解決のままであったが、こうした不十分さは、おもに、交通会社が大量輸送のために資金を確保することを拒否したり、確保する能力を欠いたりしたことに由来していた。市内路線の料金や運行時間における労働者向けの優遇措置は不断に会社側の犠牲を強いるものであり、このため、会社は抑制につとめ、あまり広まらないようにしたのである。

こうして、市内の環状鉄道には「労働者切符」という朝の列車の割引切符があったが、帰路に利用できるのは、日中の何本かの列車に限られ、しかも乗合馬車の往復料金と同じ三〇サンチームもかかった。それでも、この切符は大成功をおさめ、一九〇〇年頃には毎朝おそらく二万枚近くが売れた。ところが、五大鉄道会社の参加した環状鉄道経営組合の収益にはならなかったのである。例えば一九〇三年に乗客の四〇・六%が利用していた労働者切符は全収益の二八・三%をもたらしたにすぎなかった[29]。朝の列車を増やし料金を下げろというさまざまな圧力に譲歩することを、経営組合が渋ったのも無理はなかろう。郊外路線の「労働者列車」も、国家からの圧力で設けただけで、鉄道会社は快く思っていなかった。郊外の各地とパリの中心部を直結した「乗り入れ路面電車」についていえば、パリ市内では片道一〇サンチームという約束していた料金を経営会社は、維持することができなかった。パリの市門から中心部まで片道一〇サンチームというのは、乗合馬車より五サンチームも安い価格である。もっとも、周縁域に乗合馬車はあまり走っていなかったけれども。また、人気のあった「二スー路面電車」（二スーは一〇サンチーム）がなくなったことは、パリの住民をおおいにがっかりさせた。[30] 一九〇〇年に地下鉄が誕生し、一九一三年までに七五キロメートルを超えるほど路線網が拡張されたのは、こうした交通機関の不足と高い運賃という文脈においてであった。[31] 地下鉄のおかげで、ようやく都心と周縁域の連絡がよくなり、全路線で比較的安い同一運賃が実現した。このことは進歩であったが、実のところ、以前から存在しながらほとんど放置されてきた需要が満たされたにすぎなかったのである。他方、地下鉄が市内にのみ導入されたため、郊外の住民は取り残されることになった。しかしながら、パリと郊外、そして郊外と郊外を結ぶ需要は大きく、両大戦間期には飛躍的に重要度を増していった。本当に交通機関を必要とする住民の出現よりも交通機関はつねに遅れて整備され、双方の溝は、たとえ一度埋まったとしても、再び生じて深くなるのである。

いわゆる職住近接という規則を批判的に検討することで、雇用、住居、そして家庭や職業といった個人的状況のあいだで、かつて空間的な均衡がいかに巧妙なかたちで得られていたのか、そこに公的、私的な交通政策あるいは空間の整備にかかわる政策がどう関与したのか、こういった点に迫ろうとしてきた。もっとも、大衆向けの社会住宅が出現する以前、空間の整備を担う専門家に対して、どのような実質的権限が現実に認められていたというのだろうか。先ほど、住居と雇用のあいだには、同時に多様な空間的結びつきがあったと述べた。むしろ、時代特有の限界のなかで、時代特有の条件に応じて、あらゆる可能性があったというべきかもしれない。本稿で扱った時代についていえば、街区のなかに閉じこもることから、生活上の磁極が明確に分離される状態にいたるまでの幅で、そうした可能性が開かれていたのである。

1　Luc Passion, "Marcher dans Paris au XIXe siècle", in Bibliothèque historique de la ville de Paris, *Paris et ses réseaux: naissance d'un mode de vie urbain*, 1990, p. 40–41.

2　Catherine Omnès, *Ouvrières parisiennes: marchés du travail et trajectoires professionnelles au 20e siécle*, Paris, Éditions de l'École des hautes études en sciences sociales, 1997, p. 69.

3　Alain Faure, "Aspects de la 'vie de quartier' dans le Paris populaire de la fin du 19e siècle", *Recherches contemporaines*, no. 6, 2000–2001, p. 283–297（アラン・フォール、西岡芳彦訳「民衆生活とカルティエ――パリ、一八六〇～一九一四年」、中野隆生編『都市空間の社会史　日本とフランス』山川出版社　二〇〇四年）。

4　都市社会学者や都市民族学者は、恐れることなく、断定的かつ唐突に過去と現在を対置する。例えばベアトリクス・ル＝ヴィタの言葉、「よく知られているように、十九世紀から二十世紀前半の都市労働者は狭い空間で生活していたが、それは彼らの切りつめた需要に見合ったものであった。自分たちの住まいの一階にある何軒かの商店、工場と家のあいだに点在するいくつかのビストロ、それが彼らの街区であった」（Béatrix Le Wita, *Famille, parenté, sociabilité à Paris: la place Jeanne d'Arc dans le XIIIe arrondissement. Étude d'ethnologie urbaine*, 1981, Thèse de doctorat de 3e cycle, École pratique des hautes études en sciences sociales, 1981, p. 189）。ノルベルト・エリアスとジョン・L・スコットソンも「今日では家庭が労働の場と分離していることが多いが、かつてはそうではなかった」と述べる（Norbert Elias et John L. Scotson, *Logiques de l'exclusion*, Paris, Fayard, 1997〈1er éd. 1965〉, p. 228）。

5　このような確信は早くも両大戦間期に広まっていった。アンリ・バンルによる一九三二年の文章を参照。「現在の人びとは容易に移動することを知っているが、それは以前にはなかったものである。このため、徐々に、住まいを労働の場と結びつける関係は変化する。かつて人びとは行き帰りの時間を短くしようと、自分の働く工場、作業場、農地、商店、行政機関の近くに住もうとした。それはほとんど強制であった。労働時間が長く、仕事以外の自由な時間が少なかった分だけ、こうした傾向は強かった」（Henri Bunle, "Migrations alternantes dans la région parisienne: déplacements journaliers de professionnels", *Bulletin de la Statistique générale de la France*, juil-sept. 1932, p. 585–586）。

6　これに関する慎重な意見として、David Garrioch, "L'habitat urbain à Paris (18e-début 19e siècles)", *Cahiers d'histoire*, 1999, p. 583–584を参照。

7　最近のものとして、Jean-Claude Farcy et Alain Faure, *La mobilité d'une génération de Français. Recherche sur les migrations et les déménagements vers et dans Paris à la fin du 19e siècle*, Paris, INED, 2003, XVI-616 p. を参照。

8　Centre de documentation d'histoire des techniques, *Évolution de la géographie industrielle de Paris et de sa proche banlieue au XIXe* siècle, Paris, Conservatoire national des Arts et Métiers, 1976, 3 vol., VII-617 p. + 53 planchesを参照。

9　Centre de documentation d'histoire des techniques, *Analyse historique de l'évolution des transports en commun dans la région parisienne de 1855 à 1939*, Paris, Conservatoire national des Arts et Métiers, 1977, 475 p. + cartes, より最近のものとしては、Dominique Larroque, Michel Margairaz et Pierre Zembri, *Paris et ses transports XIXe-XXe siècles: Deux siècles de décision pour la Ville et sa région*, Paris, Éditions Recherches, 2002, 408 p.を参照。

10　これらの点については、すべて、アラン・フォール／アニー・フルコー、中野隆生訳「フランス十九〜二十世紀都市史主要文献」中野隆生編『都市空間の社会史　日本とフランス』文献案内一六〜二六頁に引かれた文献を参照。

11　Alain Faure, "Autorités publiques et implantation industrielle en agglomération parisienne (1860–1914)", in Danièle Voldman (dir.), *Région parisienne. Approches d'une notion (1860–1980)*, *Cahiers de l'IHTP*, no. 12, oct. 1989,

p. 93–104.

12 小説の冒頭では、ジェルヴェーズが、ラ・シャペル大通りのボンクール館でランティエを待ちながら、窓際に肘をついて眺めている光景（「道具を背負いパンを小脇にかかえて仕事に向かう労働者のはてしない列」プレヤード版、三七八〜三七九頁）が描かれ、落ちぶれたジェルヴェーズがかつて暮した街区の通りをさまよう末尾の場面に、家路についた労働者たちの流れが登場する（「たえず増えつづける仕事着と作業服の群れが路上を埋めつくしていた」プレヤード版、七六五頁）。現代に近いところでは、マルセル・カルネの映画「夜の門」（一九四六年）に、こうした行き帰りの人の流れが逆の順序で取り入れられている。乗客の群れが地下鉄のバルベス駅で階段を駆け下り家路を急ぐ夕方の光景で、映画の幕があがり、朝一番から働く人びとで駅が目を覚ます夜明けの様子で、映画の幕はおりる。映画監督も小説家も、つきることなく寄せては返す波のように都市の群衆が仕事に出かけては帰ってくる壮大な動きのなかに、自分のドラマを組み込んでいるのである。

13 日本でこの史料を用いた著作として、木下賢一『第二帝政とパリ民衆の世界――「進歩」と「伝統」のはざまで』（山川出版社　二〇〇〇年）がある。

14 Délégation ouvrière à l'exposition universelle de 1867, *Rapports des délégués ciseleurs, tourneurs et monteurs en bronze*, p. 95–101.

15 「一時間遅く帰ると子どもたちに抱擁できません」（Exposition universelle de 1867, *Rapports des délégations ouvrières*, t.1, *Facteurs d'instruments de musique en cuivre et en bois*）。

16 Exposition universelle de 1867, *Rapports des délégations ouvrières*, t. 2, *Menuisiers carrossiers* , p. 11.

17 Commission départementale faisant fonction de Conseil général, *Session extraordinaire de 1859*, p. 29.

18 Archives nationales , C 5520 à 5531.

19 路面電車について Anne Rasmussen, "Un discours à l'épreuve: politique des tramways et population de banlieue (1870–1914)", *Villes en parallèle*, no. 15–16, juin 1990, p. 243–264, 環状線について Jean-Maurice Berton, *Histoire d'*

une ligne de chemin de fer dans Paris: la petite ceinture et le syndicat des compagnies (*1851–1914*), Thèse pour l'obtention du diplôme d'archiviste-paléographe, 1988, 2 vol., 630 p.を参照。

20 船について Armelle Bédouin, *Un transport oublié. Les bateaux omnibus comme moyen de transport en commun sur la Seine, 1867–1934*, Mémoire de maîtrise, Université de Paris X-Nanterre, 2002, 132 p. + annexesを参照。

21 一八九六年について *Résultats statistiques du recensement des industries et des professions. Dénombrement général de la population du 29 mars 1896*, t. 1, p. 202, 一九〇一年について *Résultats statistiques du recensement général de la population effectué le 24 mars 1901*, t. 1, p. XIV, 一九〇六年について *Résultats statistiques du recensement général de la population effectué le 4 mars 1906*, t. 2, p. 5を参照。また Henri Bunle, art. cit. *Bulletin de la Statistique générale de la France*, juil.-sept. 1932, p. 585–640; do., *Bulletin de la Statistique générale de la France*, t. 38, 1938, p. 95 et suiv.も参考にしてほしい。

22 Jean-Claude Farcy, "Banlieues 1891: les enseignements d'un recensement exemplaire", in Alain Faure (dir.), *Les premiers banlieusards. Aux origines des banlieues de Paris* (*1860–1914*), Paris, Créaphis, 1991, p. 46 et suivを参照。

23 一九九二年十二月と九三年三月に、一七四の市町村の文書課で調査したが、三九の市町村において利用可能な成果が得られた。

24 Alain Faure, "'Nous travaillons 10 heures par jour, plus le chemin'. Les déplacements de travail chez les ouvriers parisiens (1880–1914)", in Susanna Magri et Christian Topalov (éd.), *Villes ouvrières* (*1900–1914*), Paris, L'Harmattan, 1989, p. 93–107; do., "L'industrie à Paris: La Villette", in *Le XIXe arrondissement. Une cité nouvelle*, Paris, Délégation à l'action artistique de la Ville de Paris et Archives de Paris, 1996, p. 91–112, 181–182.

25 Alain Faure, "A l'aube des transports de masse: l'exemple des 'trains ouvriers' de la banlieue de Paris (1883–1914)", *Revue d'histoire moderne et contemporaine*, avril-juin 1993, p. 228–255.

26 Annie Fourcaut, *La banlieue en morceaux. La crise des lotissements défectueux en France dans l'entre-deux-guerres*,

Grâne, Créaphis, 2000, 339p; Alain Faure, “ Villégiature populaire et peuplement des banlieues à la fin du XIXe siècle. L’exemple de Montfermeil”, in Alain Faure, Alair Plessis et Jean-Claude Farcy (textes réunis par), *La terre et la cité. Mélanges offerts à Philippe Vigier,* Paris, Créaphis, 1994, p. 167–194.

27 これらの街区に関する研究データに基づいている。

28 Alain Faure, “Migrants et saisonniers chez les maçons limousins de Paris aux alentours de 1900”, *Les Maçons de la Creuse. Bulletin de liaison*, no. 7, juin 2003, p. 17–22の註を参照。

29 Archives nationales, Compagnie du Nord, chemin de fer de ceinture, carton “ Tarif 23 A” , tableaux statistiques.

30 一九〇〇年代初めにセーヌ県議会が刊行した報告書、資料の調査に基づいている。

31 Sheila Hallsted-Baumert, François Gasnault et Henri Zuber, *Métro-cité. Le chemin de fer métropolitain à la conquête de Paris 1871–1945,* Paris, Paris-musées, 1997, 191 p.

炸裂する都市空間の一世紀
パリ郊外、宅地分譲から団地へ

アニー・フルコー
中野隆生訳

欧米における大都市の炸裂と細分化という現象について、いまでは地理学者、社会学者、都市計画史家の手になる研究が蓄積されている。とくに多いのは最近の時代を扱った研究である[1]。ここでは、十九世紀半ば〜二十世紀半ばという中期持続においてパリ郊外を取り上げ、都市から都市的広がりへの移動、すなわち、市壁に閉じこめられた高密度の都市から工業地区、戸建て住宅のスプロール、団地に分節化された郊外への移行に立ち戻り、相前後していながら異質で正反対とさえ思えるパリ発展の二つの時期を比較してみよう。

今日にいたるまで消えることのないパリ郊外に特有の様相が刻み込まれた二つの時期とは、戸建て宅地分譲の拡大した両大戦間期と、初期の団地が建設された一九五〇〜六〇年代のことである。一九三六〜四六年をのぞいて、第二帝政末から一九六〇年代まで、人口が増え続けたパリ都市圏は、フランスでもっと

図1　1980年代のサン＝ドニ，フロレアル分譲地の家　集合住宅が，家のうしろに見える。
［出典］Collection particulière.

も多く移民が流入した地方でもあり、そこでは民衆住宅の問題が未解決のまま残されてきた。民衆住宅の慢性的不足の間歇的な現われである「住宅危機」は、一八八〇〜九〇年代と一九二〇年代に発生したが、とりわけ一九五〇年代には、五四年の冬を中心に、混乱や民衆運動をひきおこし世論の関心を集めた。このときには、長いあいだ消滅しなかったあばら屋の問題が、団地をつくることで最終的に解決できると考えられた。こうした民衆住宅をめぐる二つの時期を検討することで、現在でも並存しつつパリ郊外の相貌をなす、まったく異なる都市形態が、都市政策と民衆の願いが絡み合いながら、どのように形成されたかがわかるのである(図1)。

1　パリの特異性

まず、パリであるがゆえに帯びることになるいくつかの特異性を想起しておかなければならない。都市整備の担い手が郊外と都心を分けて別々にとらえるがゆえの特殊性である。現代のパリ郊外は、一八五三年から七〇年まで続いたセーヌ県知事オスマンと皇帝ナポレオン三世のもとにおける首都近代化の企てを起源として形成された。オスマンのもたらした都市整備のモデルはよく知られている。つまり、既存の都市組織に貫通路をとおすことで、古き都市の調整、多様なネットワーク(下水道・街路・公園・飲料水供給)の敷設、新しい貫通路にそう建物の新築、それにともなう都心住民の一部の離脱をおこなうというモデルのことである。[2]そのうえで周辺地区の合併が実施され、パリをめぐるオスマンとナポレオン三世の野心は完全なものとなった。一八六〇年一月に一八五九年十一月三日法が適用され、これによって、首都は、それまでの三四〇二ヘクタールに五一〇〇ヘクタールを加えて、今日と同じ大きさになり、区の数が一二から二〇へ増えた。合併されたのは、一八四一〜四五年にティエールの手で構築された市壁と一七八六年から首都を取り囲んできた入市税の壁のあいだに広がる空間である。郊外市町村の合併にともなって市壁の外に新たに生まれた郊外についても調査、検討されたが、内容は空疎なものでしかなかった。計画に従えば、首都でもある新たな都市は設備(一九〇〇年以降ならとくに地下鉄)の普及で均質化し、都心の人口圧は合併された諸区へ向けられ緩和されるはずであった。

いまや要塞化した市壁とゾーン(市壁の内側と外側に設けられた建設禁止地帯)の向こうに広がる郊外は、公権力から無視されて放置され、その何もない空間に倉庫、大工場、そして都市に拒否されたさまざまな機能が集まった。第一帝政に起源をもち復古王政で復活した「非衛生事業所」に関する一八〇六年と一八一〇年の政令は、もともと化学工業など汚染を撒き散らす工業の立地する近郊を念頭においていたのである。[3]オスマンの予想どおり、工業化は、首都から郊外への大工場移転というかたちで進行した。十九世紀末の大不況のあとには、自動車、航空機、電化製品といった新しいテクノロジーが根をおろし、パリの西や北の郊外にブーローニュ゠ビランクール、ピュトー、サン゠ドニなど、先端的なテクノロジー都市(テクノポル)となる市町村が出現した。セーヌ県郊外部だけで八〇の市町村に分かれていた郊外は、行政的に不統一のまま細分化された空間をなし、保養地ないしブルジョワ居住地としての西の郊外に対して、北や東の郊外には、減少しつつある野菜栽培地が放置されるかたわらで、「黒い」郊外つまりパリ各区の延長としての周縁工業地区が広がっていた。工場の立ち並ぶプレーヌ・サン゠ドニ、いわゆるフランスの「マンチェスター」である。[4]

首都パリは、一八六〇年以降、要塞化された市壁とゾーンという障壁によって、行政的区分の異なる郊外と物理的に分断され、この物理的な分断は今日にいたるまで継続している(図2)。市壁の撤去とその後の地ならしは両大戦間期をとおして続けられ、その跡地には、さまざまな都市設備、低廉住宅HBM、ついで低家賃住宅HLM(一九五三年のラフェ・プラン)、そして一九四三年に企画され五三年の計画具体化をへて七三年に完成した周縁環状道路の占拠する環状帯が、ぐるりと首都を取り囲むように残された。環状

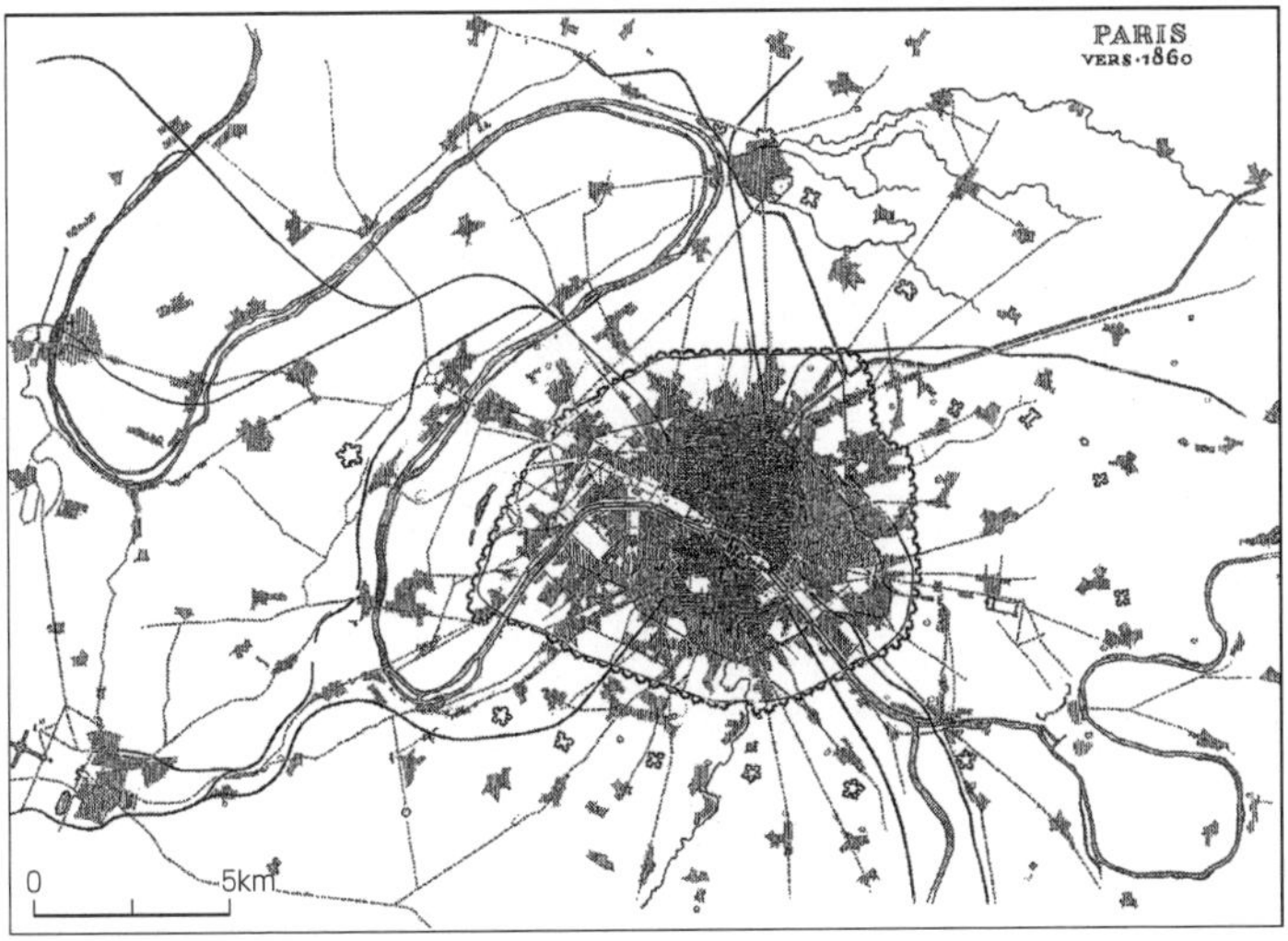

図2　1860年頃のパリとその周辺
［出典］Louis Bonnier, *Paris vers 1960, carte analytique, vers 1920,* Archives d'Architecture du XXe siècle, Institut Français d'Architecture.

帯近辺の内と外で都市景観が変化するわけはなく、内と外の往来も頻繁であったが、それでも、とりわけ都市計画家にとって、パリとその郊外は別々のまとまりとして認識され、一九五〇年代より以前に、分かちがたく絡まりあった公的活動領域としてのパリ都市圏という発想が出現することはなかった。旧態依然たる郊外の行政構造が意識されていながら、パリには大ロンドンも大ベルリンもなかったのである。

拡大する首都への都市計画の導入が遅れたフランスでは、第二帝政から第五共和政まで、都市整備政策の決定が強力におこなわれた時期とそうではない時期が交互に訪れた。第二帝政はパリを権威的なやり方で整備する一方で、郊外を私的利害と脆弱《ぜいじゃく》な地域権力に委ねた。オスマン流の手法は第一次世界大戦のあとまで継承され、例えばパリだけに走るとされた地下鉄

（一九〇〇年に最初の路線が開通した）はオスマン的な都市像の一部をなしていた。初のパリ地方整備計画となったプロ・プランは、一九二八〜三四年に苦心のすえに作成され三九年に承認されたが、パリを無視して郊外のみを対象にしていながら、都市計画家の非難の的だった欠陥分譲宅地を防止するものではなかった。これに続く第二次世界大戦の戦中、戦後における諸計画も、同様に、パリ都市圏の人口増加と市街地拡大を抑制するマルサス主義的挑戦を試みたが、ついに実施されることはなく、それどころか、同時期のパリ郊外では、都市圏拡大の抑制政策とまったく矛盾する団地の建設が進行した。このように、民衆住宅に対する需要が中間距離、そして遠距離の郊外の拡大を促し、一九二〇年代と五〇年代の二度にわたって切迫した住宅危機が生まれた。こうした郊外の拡大は基本的に都市整備計画の対象とはされず、個人、地域、国民など多様なレヴェルで物事が決まったから、小さな個人住宅が長大な集合住宅《バール》や塔状の集合住宅《トゥール》と無秩序に隣り合い、雑多な要素の混在する風景が一九三〇〜六〇年代のパリ郊外に現出した。

　逆説的ではあるが、この結果は、中期持続の幅で考えれば、十九世紀末に登場した都市改革の推進者に多くを負うものであった。社会住宅、公衆衛生、都市計画に関心を寄せた社会改革家は、一八九五年以降、ミュゼ・ソシアル（社会博物館）[5]に結集して一つの世界をつくりあげた。ミュゼ・ソシアルは、一種のロビー機能をはたしつつ、一八九四年にはシグフリード法[6]を成立させて社会住宅建設への預金供託金庫の資金投入を可能にし、社会住宅立法の端緒を切り開いた。また、一九一〇年代から三〇年代にかけて低廉住宅や田園都市が建設され、不十分な数だったとはいえ、両大戦間期のパリ地方に約三万戸の住宅が誕生した。これら社会住宅からなる都市が原型になって一般化すれば、民衆住宅をめぐる問題はもちろん社会問

図3　1960年代のボンディー　戸建て住宅の真ん中に団地が立っている。
［出典］Collection particulière.

図4　両大戦間期のレ＝リラ田園都市
［出典］Ibid.

題も解決されると考えられていた。一九五〇年代になると団地が建設され、古くからの社会改良家の目標は国民的な公共政策の担うところとなった。民衆層をあばら屋から救い出して、賃金生活者のすべてに衛生や近代性を享受させ、都市の土地をめぐる既存の慣行をコントロールしながら、あらゆる子どもに空気と光と太陽の恵みを与えるというのだった(図4)。

そこで、以下、物理的かつ精神的な障壁によって首都と郊外が分離され続けた都市圏に、戸建て分譲住宅と団地という郊外民衆住宅の拡散の二大局面がもたらしたさまざまな影響について、検討を試みることにしよう。

2 両大戦間期のスプロール 戸建て宅地分譲

人口の停滞したフランスのなかでパリ郊外は対照的な様相を呈してきた。すなわち、一九三一年まで急増した人口が、そののち経済危機と戦争で停滞ないし減少したが、それでも一九二一年と四六年のあいだに五〇万人の増加をみたのである。パリそのものは人口を減らしていたから、都市圏の活力を保ったのは郊外であった。出生数が死亡数より少ない自然減の状態にあり、ただ流出を上回る流入によって人口は増加していた。

すでに一九二〇年代からパリ地方は深刻な住宅危機を経験していたが、それは、何よりもまず家賃抑制政策で民間の投資意欲が減退したからであった。しかしまた、自由な家賃設定をめざす第一次世界大戦後

図5　1946年の分譲宅地分布図

［出典］Archives du service d'aménagement de la région parisienne, Archives Natinales.

図6　1927年におけるヴィトリーの貧しい分譲宅地

［出典］Annie Fourcaut, *La banlieue en morceaux,* Paris, Créaphis, 2000, p.244.

の動きが借家人の激しい要求で阻まれ、そのうえ深刻な財政難のゆえに公的信用が動員できずに社会住宅の建設が増えないという、脆弱な民衆住宅の供給構造にも由来していた。一九二一年と二六年の国勢調査に従えば、パリでもセーヌ県郊外部でも四〇％以上の住民は劣悪な居住環境におかれていた。他方、郊外交通網の整備にともない、両大戦間期には、毎日五〇万人がパリと郊外のあいだを往復するなど、市民の移動が飛躍的に拡大した。

郊外で土地の細分化が進行したのは、第一次世界大戦直後から人民戦線までの時期であった。その頃、個々別々の外観をもつ質素な戸建て住宅の集まる街区がまっすぐの道路にそって建設され、都市性の欠如した土地投機を起源とする郊外が形成された。[7] こうした現象は極めて大規模に展開し、一九一四年以前には三〇〇〇ヘクタールだった宅地分譲が、両大戦間期には一万六〇〇〇ヘクタールに達した。しかも、そのほとんどは一九一九年から二八、二九年までの一〇年間に集中して分譲された。中間距離の郊外を中心に三〇〇以上の市町村で宅地が分譲され、その数はセーヌ県で一六二五カ所、セーヌ゠エ゠オワーズ県で二五〇カ所にのぼった。近郊でも、ありとあらゆる土地をしばしば非合法的に利用しつつ、おびただしい小規模宅地が分譲され、そこには埋め立てられた採石場や洪水のでかねない窪地も含まれていた。一〇年間ほどで二一万五〇〇〇区画が一挙に売り出され、こうした分譲宅地が一九二〇年代末の四〇万人から両大戦間期終わりの七〇万人へ急増したパリ郊外の住民に住まいを提供した(図5)。

都市計画に関与する法がまったくなければ、宅地分譲とは、もともと、私法に属する法的行為である。つまり、「建物を建てようと望む人びとに売却するために、一つの大きな土地の所有権を小さな区画に分割することからなる行為」である。[8] ほとんどの宅地分譲業者（野菜栽培業者、不動産会社、公証人など、さまざまである）は、道路も整備せず、ただ土地だけを均等に分割して売りに出した。買い手は、一〇～一五年間、毎週、支払いつづけて四〇〇～五〇〇平方メートルの更地《さらち》の所有権を入手したが、例外なく分割払いによる購入であって、大部分は労働者貯蓄会社の仲介を得ていた。こうして、区画された土地が個人の家で徐々に埋まっていった。つまるところ、宅地分譲業者とは期限内に公共空間をつくる民間人なのである。彼らは、土地所有者の論理に従って、最小限に支出を押さえつつ資産価値の増大をめざし、そうすることで、最終的には本物の都市の街区をつくりだした。最大の問題は道路の整備であった。予想をはるかに超える新住民の流入に忙殺される市町村には未舗装の私道を公道に組み込むだけの力はなく、単調な碁盤目状に区画された分譲宅地が公共空間も学校も商業施設もないまま現実のものとなった。こうした事態をなんとか規制しようとした一九一九年と二六年の法にもかかわらず、公共団体にはなんら介入手段が与えられていなかった。ここに、分譲宅地所有者の熱い思いと住宅だけしかない都市が生まれた。私的な熱望と公共空間の創出がからむ原初的状況のなかで、移り住んだ人びとは、人間の尊厳にかかわる権利として、最小限の都市性を要求した（図6）。

なにゆえに、パリやパリに隣接するフォブールの兵舎式住宅《カゼルヌ》をでて、郊外での困難な冒険に乗り出すのであろうか。この大衆的な動きを支えた熱い思いは、民衆心性の変化という長期持続のなかに刻み込まれてきた。一九一四年よりずっと前から存在した多様な衛生に関する考え方が、第一次世界大戦直後には一般に広まり、人びとは、あばら屋の腐敗した空気を捨てて、虚弱な子どもに適した綺麗な郊外の空気を求めた。また、あまりにも高い生活費のために野菜栽培への嗜好が強まり、自分の菜園の近くに住むか、少なくとも菜園へ頻繁に通いたいという欲求が分かちもたれた。家庭菜園同盟の労働者菜園が成功をおさめた事実は、同じような熱情が幅広く共有されていたことを示している。居住に限定された空間である分譲宅地のおかげで、たとえ、通勤のための移動距離が伸びて疲労が増したとしても、工場や工場の煙の近くにいる必要はなくなった。それはまた、土地や家の所有者になることであり、パリ民衆が「はげたか氏」と呼んだ強欲《ごうよく》な家主、管理人、そして家賃の高騰から逃れることを意味した。家はとても小さかったけれども、住宅危機や高い家賃のゆえにほどよい住まいを望めないパリのアパートよりも、心地よかったのである。

たとえ、一九二七年にアンリ・セリエ[9]が「労働者はあばら屋を出てあばら屋にはいる」と判断したとしても、分譲宅地に住宅を建てることは、新たにさまざまな自由を全体として享受することであった。自宅をもち土地区画の一つに家族が根をおろすのは、戦争やフラン下落、そしてインフレで生じた混乱のあとでは、安全の保障を意味していた。ただちに空間は自由に活用され、家に加えて、菜園、庇《ひさし》、物置、便所、洗濯場、鶏小屋、ウサギ小屋などがつくられた。どのように時間を使って住まいの計画を実現するかもまことに自由であり、まず更地にバラックを建て、ついで自力であれなんであれ、恒久的な家に着手するという段取りを、数カ月か二〇年かわからないが、都合のいいリズムで進めることができた。

一九二〇年代の半ば、ついにスキャンダルがもちあがった。住宅を購入した幾千もの正直な労働者や職員の家族が、第一次世界大戦後の変化に巧みに便乗して宅地分譲を手がけた投機家にだまされ、ぬかるみのなかでの仮住まいを余儀なくされたのである。一九二九年にカトリックの一観察者は、グーサンヴィルの巨大な分譲宅地をつぎのように描いている。「この四〇〇ヘクタールは数年前から分譲宅地化されているが、連鎖的におぞましいことが起きて広がりつつある。細分化された土地は囲い込まれて放置され、雑草がはびこるにまかされている。住宅と呼ばれるものもあるにはあるが、掘立て小屋か鶏小屋みたいなものにすぎない。もちろん、水道もガスも電気も下水も便壺も物資の供給も、なんにもない。僻地である。荒地である。中国《マ》である《マ》」。

世論、新聞、政党、カトリック教会、社会改良家が不安をいだき、そこから独創的な解決策がひねり出された。ポワンカレの政策のおかげで財政事情が好転したため、一九二八年にはユニオン・ナシオナル政権のもとで、サロ法とルーシュール法が急ぎ採決された。サロ法によって、国家が整備事業費の半分を負担する一方で、残り半分は分譲宅地所有者が支払うものと定められた。通りごとの住民組合が新たに結成されて分譲宅地所有者に加入が義務づけられ、この組合が税の徴収をおこないつつ工事を監視し、やがて街区の管理や運営を担うにいたった。こうして、長期的にいえば、宅地分譲の初期に目についた一人ひとりバラバラな状態から集合的なものが形成されていった。

一九二八年にはルーシュール法も成立した。[10] ルーシュール法は年利二%の長期貸付けを予定し、社会住宅の規定に合致する住宅の個人所有をめざした。そのうえ、旧出征兵士、戦争犠牲者、多人数家族のために極めて有利な条項が設けられ、こういう人たちは、事実上、個人的な持出しがいらないようになっていた。土地を購入しながら、経済的な理由で住宅が建てられないという事態を避ける措置がとられたのであ

図7　1930年代末のボンディー　整備事業の完成した分譲宅地。
［出典］Collection particulière.

る。ルーシュール法のおかげで、郊外の欠陥分譲宅地の住民一〇万人以上が、耐久素材の家を建設することができた。また、二つの法律は、宅地分譲を変質させて永続的なものとし、バラック群は立派な戸建て住宅の街区へと変貌を遂げた。

両大戦間期の宅地分譲というできごとは、フランスの郊外発展における特異なあり方を示している。すなわち、住宅建設を担わない投機家の手で区画への土地分割がなされ、一時的なスラム街から永住可能な住宅街区への移行がそれぞれの世帯の事情に応じた無理のないリズムで実現したのである。また、不満をいだく新来の住民の要求に押された公権力の支援によって、遅ればせながら道路や環境の整備が進んだ。このようにして、最終的には計画にはなかった集合的な必要事が個人の願いとうまく結びつき、民衆諸階層の居住モデルを政治の担い手に強制しうる類いまれな時代が現出した。今日からみれば、この宅地分譲の時期は郊外形成の黄金期であったように思える。突如として農地が都市化され拡大した都市にあって、しかも都市のさまざまな属性(便利な交通、道路、歩道、多様なネットワーク、輸送手段)があとで加わるという最悪の即興的条件のなかで、地方出身者が多くを占めた都市民衆は個人住宅の所有権に接近できたのである(図7)。

これらの街区は投機のままに生まれたが、四〇年の歳月をへて多様なネットワークが出揃うにつれ、パリ都市圏に組み込まれた。こうしたかたちで問題が解決されたことで初期の都市計画家の失敗は確定的になり、まったく無計画に建てられた幾百もの戸建て住宅の街区がそのままの状態で都市整備計画のなかに位置づけられた。プロ・プラン(一九三四〜三九年)は、遅ればせながら分譲宅地を包摂し、時あたかも構想中であったパリ地方の地域設定《ゾーニング》への統合を意図していた。また、こうした解決の仕方からは、共和国の支柱である急進党の原則の勝利を明白に看取することができる。すなわち、民衆層が住宅を所有することを歓迎し、小さな者同士の争いや小さな者を欺いてきた大きな者から小さな者を守り、保護者としての役割を国家にはたさせるのである。欠陥分譲宅地の危機は究極のところ都市計画より以上に政治や財政にかかわる問題であり、国家と貧しい人びとに負担を押しつける現実的なかたちでの解決をみたのだった。

戸建て住宅の街区は、投機や土地確保の都合に左右されつつ、細分化された安価な土地に急いでつくられたが、これによって、その後、長いあいだ郊外市町村の都市としての骨組みが定まり、そこに永住の地たるべき中間距離の郊外が形成された。団地の登場によって空隙が埋められるまで、こうした街区が民衆住宅の主要部分を供給し、戦後の一九五〇年代になっても住民の増加が続いたのである。

3　団地の建設

民衆諸階層向け住宅の大量建設をめぐってつぎに言及するのは、一九五三年のクーラン・プランから一九七〇年代半ばまで、およそ二〇年間続いた事柄についてである。両大戦間期の宅地分譲が二五万の区画をもたらして個人住宅の建設と所有を実現したのとは対照的に、新たに団地として提供された三五万戸のうち八五％は賃貸住宅によって占められていた。国家の定めた細かな手順にそって建てられ、少なくとも五〇〇〇戸、のちには一〇〇〇〇戸からなる集合住宅として供給され、[11]長大な集合住宅《バール》や塔状の集合住宅《トゥール》が、先行する分譲宅地ブームから取り残された空地や更地になった農地を活用しつつ、戸建て住宅の拡散から形成された中間距離の郊外に登場したのである（図8）。

ベビー・ブーム、経済成長の開始、国内や外国からの人口流入という大きな流れのなかで、パリ地方の拡大発展は、とりわけ統治責任者や国土整備の担い手の目に、懸念材料と映じていた。何しろ、一九五四年の国勢調査から六八年の国勢調査までに、パリ地方の人口は二〇〇万人も増えたのである。一九五〇年代には年一八万人もの人口が新たに増加し、その半分は自然増であったとしても、残りの半分は地方や外国からの流入によるものであった。周知のイメージを借用すれば、四分に一人が地方から仕事を求めてパリにたどり着いたのである。

殺到する人口のゆえに、ほぼ一世紀間続いてきた民衆住宅の不足はさらに深刻化し、第二次世界大戦からの復興が終わる頃になっても、事態は解消されないままであった。経済成長が暗黒時代の終わりを予感させた頃、住宅危機は耐え難くなっており、不法居住の空き家、ガルニ（民衆向けの安宿）、家具付きホテル、改造した貨車、親の家に若い世帯が同居してすし詰め状態の家、恒久住宅に改装されたバラックといったかたちで、ようやく新参者の住まいが確保された。甚大な爆撃被害はなかったが、それでもパリ地方の劣悪な居住環境は戦争による破壊のせいでことさらに悪化していた。被災した建物八万八〇〇〇棟の

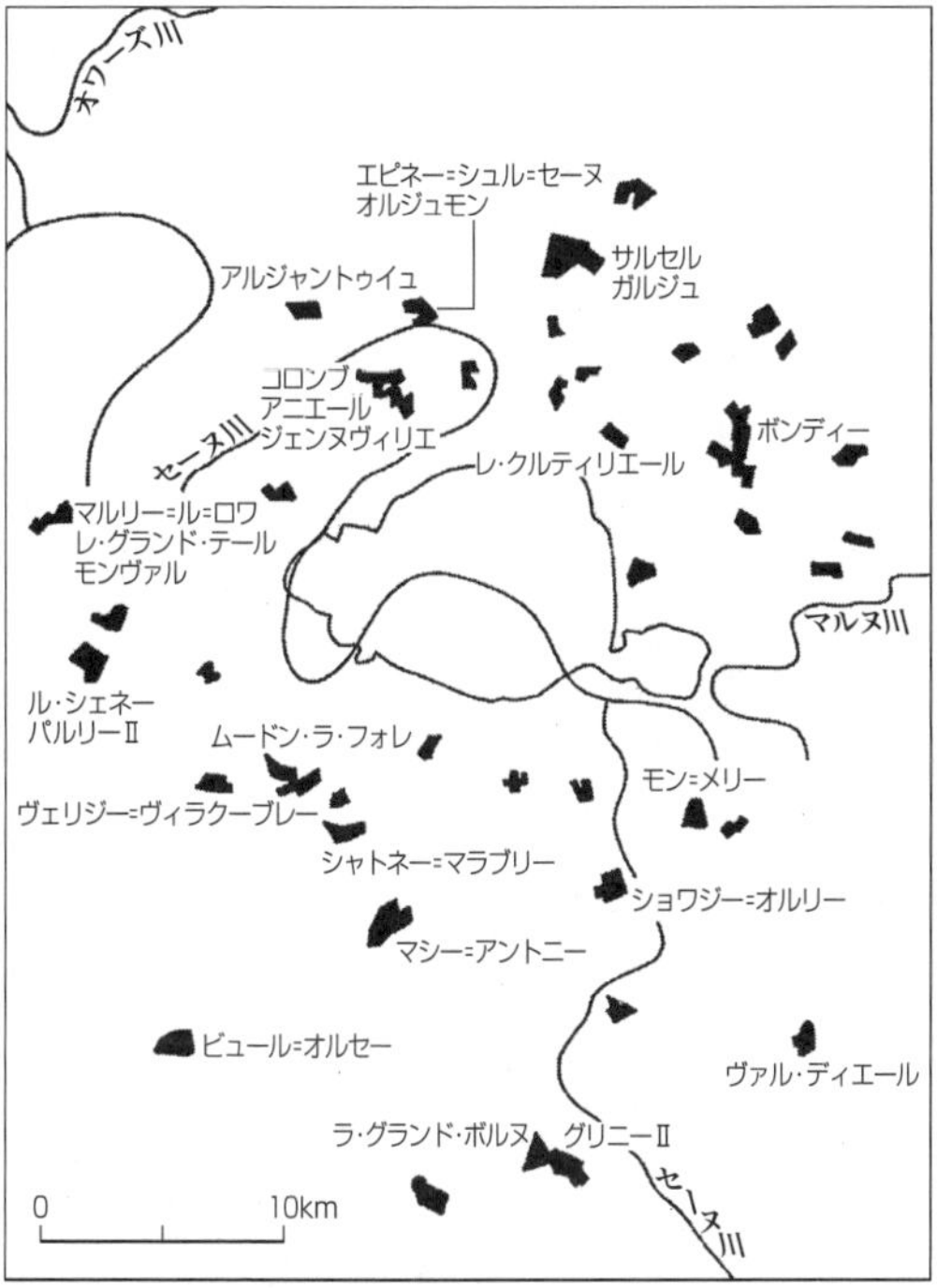

図8　パリ都市圏の主要な団地
［出典］Jacqueline Beaujeu-Garnier, *Atlas et géographie de la France moderne. Paris et la région d'Ile-de-France*, t. 2, Paris, Flammarion, 1977, pl. 26.

うち居住向けが五万八七〇〇棟を占め、そこにはもともと二五万戸が数えられたものであった。住宅がないことで労働生産性にはブレーキがかかった。腹いっぱい食べることはできたが、劣悪な状態にあるうえ配分まで不適切な住宅のゆえに、モネ・プランの構想する経済の再発進は妨げられたのである。

希少にして過密な古くからの住宅は、一九五四年の国勢調査が示すとおり、設備の面でも不十分な状態にあった。給排水設備や住戸内トイレがほとんどなく、水道がひかれていた住宅はせいぜい半分にすぎなかった。一九六二年には過密状態の住宅が全体の四分の一に達した。一九五〇年代になってもあばら屋の話はなくならず、モラルや生産性に悪影響をおよぼす国民的な危機とされた住宅危機は、フランスではじめて、国家の関与すべき事項とみなされるにいたった。すべての人はしかるべき住宅に住む権利を有するという考え方が、五〇年代の都市の悲惨な状況のなかから立ち現れたのである。五四年には、パリ地方全体で不足している住宅は四一万戸から五〇万戸にのぼるとの試算がなされた。五〇年代半ばには、住宅を犠牲にするという、あらゆる政治的・社会的な当事者が容認してきたやり方はもはや許容されなくなり、徐々に技術的・財政的な障壁が取り除かれた。

第二次世界大戦からの再建が終わる頃、パリ地方は病んでいるとみなされていた。工業の地方分散や都市拡大の制限が不可避だったにもかかわらず、その現実化は非常に難しかったからである。パリ地方整備の当事者は、個人の戸建て住宅が広がることを、高くつく設備経費、低すぎる人口密度、交通・輸送網の過度の拡大、都市共同社会の欠如といった理由から、最悪の解決の仕方であると考えた。ところが、住宅の建設を待ち受けるさまざまな障害にもかかわらず、郊外の住民が自分の土地に一軒だけ戸建て住宅を建てたいという強い嗜好をもつことが、両大戦間期には明らかになっていたのである。一九四七年に実施された国立人口研究所による最初の調査のなかに住宅の好みを扱ったものがあり、それによれば、全国のフランス人の圧倒的多数が庭つき個人住宅の所有を願っていた。[12] 他方で、一九五〇年代にはいっても、両大戦間期にできた分譲宅地に空きがでることはなかった。しかし、欠陥宅地分譲の危機を記憶のなかに刻み込んでいた都市整備の担い手は、何がなんでも危機の再現を避けたいと考えていた。実は、集合住宅という選択も無秩序な戸建て住宅の増加を阻止するという狙いに発していたのである。

第二次世界大戦後のフランスに生まれた近代化のための諸機構が、社会住宅をめぐる公的施策をリードした。戦後復興・都市計画省とその後継官庁は、つぎからつぎに技術的・財政的な手法を編み出し、住宅危機からの脱却をめざした。また、それまで社会住宅に対してためらいがちに受身の投資をしてきた預金供託金庫が、一九五四年に預金供託金庫中央不動産民事会社を設立し、とくにパリ郊外ではもっとも重要な建設主体の一つとなった。五三年には援助部門が創設され、その一環として、世帯や個人に対する助成や貸付のシステムがつくられた。それは、預金供託金庫による低家賃住宅部門への貸付をもとに、旧来からの融資方式を二倍に拡張するものであった。かつて近代化をめざした第一次モネ・プラン(一九四七〜五二年)で住宅を軽視した計画庁は、第二次プランにおいては建設部門に力をそそいだのである。

公的政策の決定者は、住宅危機の解決を、建設業の近代化およびプレハブ方式の工業化とその普及に関連づけてとらえていた。こうした集中を高める方向への変化は公共事業部門にとって有利に働いた。フランス工業全体の刷新という大きな流れのなかで推進された建設部門や公共事業部門の近代化は、もともとヴィシー政権下に構想され計画庁に受け継がれたものであったが、そこには必ずしも近代化に由来しない動きがともなっていた。つまり、建築業の停滞にもかかわらず戦後再建のおかげで活気づいた公共事業の関連企業が優れた技量を保持したまま住宅建設へ転進し、また、一九六三年以降、躍進した大型プレハブ生産がより柔軟な技術に取ってかわられることで、六〇年代の生産性向上が実現したのである。一九五三年から七三年まで、住宅建設は平均して国民投資の四分の一以上を占め続け、フランスの奇跡的な経済発展に寄与した[13](図9)。

図9　1950年代における初の集合住宅群　パンタンの中心部。
［出典］Collection particulière.

一九五三年に、事態は技術的・財政的な面から打開された。土地収用を容易にした五三年八月六日法によって自治体の用地確保がしやすくなり、五三年八月九日の政令のおかげで、住宅建設に参画する雇用主が増えるとともに、二万戸の規格住宅の建設をめざす一〇〇万フラン作戦が実施に移された。パリ地方には、二万戸のうち一万二〇〇〇戸が予定されていた。真に重大な刷新は五三年三月十六日の政令から生まれたロジュコス[14]であり、社会住宅よりは低い基準を満たしつつ原価を社会住宅の二分の一以下に押さえた住宅のために、国家による助成制度が整えられた。助成が認められれば、最大で総建設費の八〇%まで貸付が受けられた。住宅面積の基準が二室で三四平方メートル、三室で四五平方メートルと引き下げられ、そうすることで、住宅価格の上限がきわめて低く設定された。子どものある若い世帯への助成を優先したため、この経済住宅は家族向けの仕様になっていた。

劣悪な居住環境の解消に向けて住宅建設を急ぐ郊外の市町村は、この助成制度にとびついた。ジェンヌヴィリエでは、一九四七年以来、市当局が財政的可能性をさぐっていたが、国家助成制度を活用して二カ所の集合住宅群の建設に着手し、これら戦後初の新築集合住宅は、あばら屋に対する共産党市政の勝利という賞賛を獲得した。一九五六年にクレテイユで起工したモン゠メリー団地は、二群に分かれた総計五〇〇〇戸以上の住宅からなっていたが、建物群によって五〇%から一〇〇%の住宅が助成の対象であった。

一九五七年八月七日の枠組法律にそくして、「住宅の建設と共同設備の充実を促す」ため、五年間で三〇万戸の建設に必要な信用供与計画が立てられた。総額は七六〇〇億フランにのぼり、そのうちの約三〇%、二三〇〇億フランがパリ地方に割り振られた。また、この法律にあっては、住宅建設、建設部門の生産性改善、設備計画の作成、そして国土整備を結ぶ、その中核に国家が位置づけられていた。都市化優先地域に関する五八年十二月三十一日の政令は、都市化用地の選定と購入、一〇〇戸以上の住宅群の立地、および設備計画の作成を、県知事と国家諸機関の権限のもとにおいた。実際の建設は第四共和政の末期にパリ地方で開始され、五五年一月〜五八年六月に集合住宅を中心として二〇万戸近くが建設されたが、そのほとんどは一〇〇〜二〇〇戸の小規模事業にとどまった。一方、数千戸規模の象徴的な巨大事業によって、イル゠ド゠フランス地方の村々の境界域に新しく人口密集地区がつくり出された。エミール・アイヨーは一九五五年から六〇年にかけてパンタンにレ・クルティリエール団地(カヴァー写真)を建設し、また、一九五五〜七〇年には一万戸をかかえるサルセル団地(図10)がロジェ・ボワロとジャック゠アンリ・ラブールデットの手で誕生した。ほどなく「サルセル住民」は、メディアにとりあげられ、団地に住む人びとの不安を象徴する存在となった。ほかにも産業の分散にともなって団地の建設が進み、例えば一九五六〜五九年に誕生したボルガール団地(図11)は五四年にナンテールからポワシーへ部分移転したシムカ社の新設自動車工場の労働者を住まわせることを目的としていた。

一九六二年のパリ郊外には、全国で完成していた一〇〇〇戸以上の住宅群一三七カ所のうち五一カ所、全国の団地に建設された住宅総数の四三%にあたる一〇万戸近くが集中的に分布していた。[15] 一九八〇年代初めの見直しまでに、この公権力の指揮する政策によって、パリ郊外だけで約三五万の住宅が誕生した。

団地の建設用地の選定はプロ・プランの地区割りを無視しておこなわれ、むしろ市町村や県や社会住宅関連組織が確保している土地という偶然に左右されながら推し進められた。依然としてパリ郊外の拡大抑

図 10　20 世紀末のサルセル団地
［出典］Collection particulière.

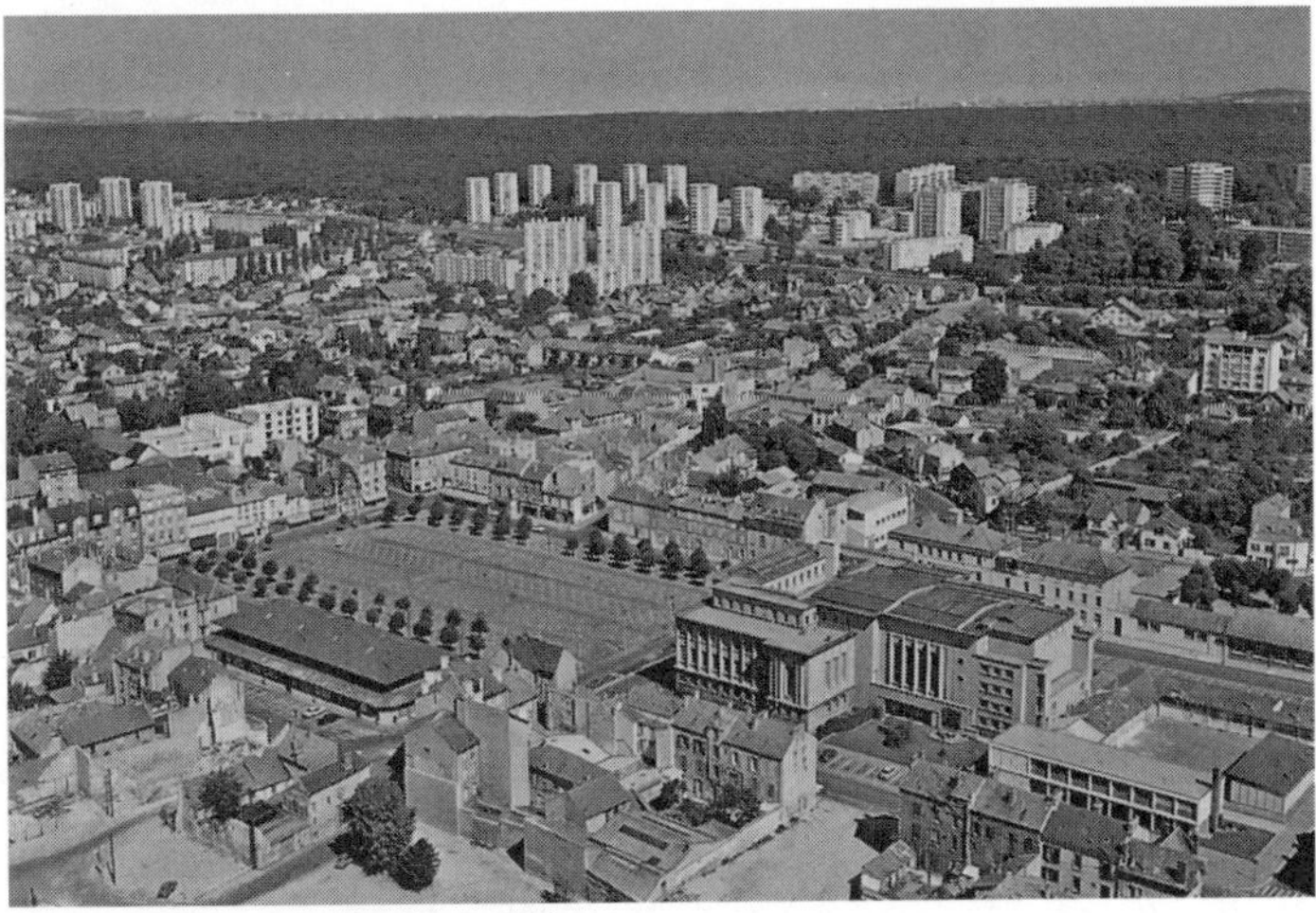

図 11　ポワシーのボルガール団地
［出典］Ibid.

図12　1960年代初めのサルセル団地　集合住宅と戸建て住宅が，隣り合わせに立っている。
［出典］Ibid.

制という考え方が支配的であり、全体計画が策定されることはなかった。戸建て住宅を主体とした前段階と同様に、まず、しばしば職場のある地域から遠く離れたところに設備を欠く住宅が建てられ、ついで、それが隣接の既存の戸建て住宅がはたしてきた集合的な「ベッドタウン」機能をかわって担うようになり、結果として郊外は拡大したのだった。

こうした事業の基礎になる社会計画は、かなりの部分が思いつきであり、一度も明確に説明されず、影響をこうむる世帯からの聴取もないままにつくられた。めざすところは、あばら屋から市民を救い出し、近代的で人間的な住宅政策を創出して、家族に光と緑のあふれる伸びやかな暮らしをもたらすことであった。衛生学、古き都市（その非衛生区画は根絶しなければならない）の拒絶、レジスタンスから続くモラル再生気運のなかでの第三共和政的自由放任の拒否、都市計画に関する個人的イニシアティヴへの警戒、これらが一九五〇〜六〇年代の政策決定者に指針として共有され、郊外の刷新はフランス社会の近代化計画における象徴的な一局面をなしていた。あらゆる人が個人住宅をもてば社会平和が保証されるという古い神話は、両大戦間期に欠陥分譲宅地の所有がもたらした現実のまえに評価を下げ、いまや、アンチ・モデルとしての戸建て住宅分譲地に真正面から団地が対置された(図12)。

当初、いくつかの団地が一時的なものとして急いで建設され、政治のいう、あらゆる人の快適な住宅に対する権利に基づく緊急の注文にこたえた。しかし、そうした注文がどのようなかたちをとるか、この点についての明確な論議は起こらなかった。戦争直後の再生幻想のなかで生まれ、先行した宅地分譲というできごとを拒絶する新たな住宅建設は、市民社会の願望を考慮する必要はまったくないが、暗い時代の記憶を消しうるものでなければならなかった。さらには、団地建設のおかげで周縁街区の設備が充実するとの見方が広く共有されていた。都市整備を担う人びとにとって、一九四〇年に崩壊した旧体制の過ちから生まれた象徴的空間であるパリ郊外とは、古い秩序と断絶した新たな建物を一挙に誕生させることで、近代化と再生を遂げさせるべき対象だったのである(図13)。

それゆえ、郊外特有の民衆住宅の二形態が周縁域に並立することになった。パリの市内には戸建て分譲宅地はなかったから、依然として「郊外の戸建て住宅」は強力な郊外アンデンティティの標識であり続けている。団地のほうはといえば、パリでもいくつかが建設され、周縁各区の非衛生区画の跡地や首都の境界をなす周縁環状道路ぞいの内と外に存在している。

図13　「栄光の30年」におけるフランスの近代化　1970年代のサン＝ミシェル＝シュ＝ロルジュ。
［出典］Collection particulière.

図14　郊外に層をなす歴史的形態　ヴィリエ＝ル＝ベルのレ＝カロー団地，1966年。
［出典］Ibid.

このようにして、郊外に、賃金生活者向け住宅の相対立する二つのモデル、いやむしろ郊外の民衆住宅にとっての二つの時代、すなわち、過ぎ去りつつあった第三共和政的個人主義と都市的無秩序が勝利をおさめた時代と、第二次世界大戦後の国家主導主義《ディリジスム》による再生の時代が並存するにいたった。今日なおパリ郊外には、戸建て住宅、長大な集合住宅《バール》、塔状の集合住宅《トゥール》が隣り合う無秩序で統一性のない風景が広がり、そこには都市成長の歴史的段階を示す都市形態がみごとに保たれている。なるほど、パリとその郊外は、戦争による破壊をほぼまぬがれてきたし、東京のような大地震もロンドンやシカゴのような大火も経験してこなかったのである(図14)。

1 *Le XXe siècle: De la ville à l'urbain, chronique urbanistique et architecturale de 1900 à 1999*, *Urbanisme*, no. 309, nov.-déc. 1999, 130 p. を参照。

2 オスマンの業績については、つぎの二論文を参照。Florence Bourillon, "L'haussmannisation, une solution à la crise urbaine ? Dix ans après", *Historiens et géographes*, no.379, 2002, p.79–92; do., "Des relectures d' Haussmann", *Histoire urbaine*, no.5, juin 2002, p.189–199.

3 André Guillerme, Anne-Cécile Lefort et Gérard Jigaudon, *Dangereux, insalubres et incommodes. Paysages industriels en banlieue parisienne XIXe-XXe siècles*, Seyssel, Champ Vallon, 2004, 332p.

4 Alain Faure (dir.), *Les premiers banlieusards. Aux origines des banlieues de Paris*, Paris, Créaphis, 1991, 283p.

5 Colette Chambelland (dir.), *Le Musée social en son temps*, Paris, Presses de l'École Normale Supérieure, 1998, 402p.

6 預金供託金庫は貯金金庫の資金と公証人に委託された供託金を受け継いで、一八一六年に設立された。公的機関である預金供託金庫は、政府の任命する理事長と監視評議会のもとに、資金を国家と貯蓄者のために運用して利益をあげる使命を負っている。Alya Aglan, Michel Margairaz et Philippe Verheyde (dir.), *La Caisse des dépôts et consignations, la Seconde guerre mondiale et le XXe siècle*, Paris, Albin Michel, 2003, 669 p. を参照。

7 Annie Fourcaut, *La banlieue en morceaux. La crise des lotissements défectueux en France dans l'entre-deux-guerres*, Paris, Créaphis, 2000, 339 p.

8 Henri Jacquot, *Droit de l'urbanisme*, Paris, Dalloz, 1987, p.594.

9 アンリ・セリエ（一八八三〜一九四三）。一九一九年から社会党（SFIO）系のシュレーヌ市長、セーヌ県選出上院議員、人民戦線政府の厚生大臣。住宅や都市の領域で継続的に省察と活動を展開した稀有の政治指導者。

10 Annie Fourcaut, "La Caisse des dépôts et consignations et le logement social. De la loi Loucheur (1928) à la guerre: un constat d'échec ?", in Alya Aglan et al. (dir.), *op.cit.*, p.185–196; *Le social et l'urbain. Autour de l'année 1928, Vie sociale*, no.3–4, 1999.

11 フランスの団地に関しては、Frédéric Dufaux, Annie Fourcaut et Rémy Skoutelsky, *Faire l'histoire des grands ensembles. Bibliographie 1950–1980*, Lyon, ENS Editions, 2003 に網羅的な文献目録が収録されている。http://CHS.univ-paris1.fr のサイトでも参照できる。

12 Alain Girard, *Une enquête par sondage: désirs des Français en matière d'habitation urbaine*, Paris, INED, 1947.

13 Annie Fourcaut et Thierry Paquot, "Le grand ensemble, histoire et devenir", *Urbanisme*, no.322, janv. -fév. 2002, p.35–80.

14 家族向け経済住宅（LOGECOS）。

15 Yves Lacoste, "Un problème complexe et débattu: les grands ensembles", *Bulletin de l'Association de géographie française*, août-sept. 1963, no.316–317, p.37–46.

III

都市と移入民

戦間期日本の都市における日本人と朝鮮人
大阪市と東京市を事例に

外村 大

一九八〇年代末以降、外国人や日系人が日本にやって来て就労するケースが増加し始めた。二〇〇五年には外国人登録者数は二〇〇万人を超え、日本の全人口に占める比率も一％台後半となっている。こうした変化はたしかに少し前までは考えられなかったことである。それゆえ、あたかもそれがかつてなかったことのように語られることもある。

しかし、一九四五年八月時点の「日本内地」（植民地を除く、現在の日本国とほぼ同じ領域）在留朝鮮人人口は約二〇〇万人であったと推計されている。そして、当時の日本内地の総人口が七〇〇〇万人程度であったことをみれば、日本（内地）における「異民族住民比率」は現在以上に高い水準であった。これはもちろん、戦時労務動員の関係があるわけであるが、それが始まる以前でみても、朝鮮人の存在は日本社会において欠かせないものとなっていた。

日本内地在留朝鮮人（以下、在日朝鮮人）たちの生活や彼らと日本人住民、行政当局者との関係については近年になってようやく歴史研究の対象となり、本格的な論考も提出されるようになってきた。しかし、これまでの研究では、とりわけ民族文化を色濃く残した地域、具体的には大阪市（とくに東成《ひがしなり》区猪飼野《いかいの》）がとりあげられるケースが多く[1]、ほかのさまざまな地域との比較は進んでいない。また、民族解放運動やマルクス主義系の社会運動史の研究が先行したこともあり[2]、ビジネスや大衆文化などを含む幅広い分野についての朝鮮人の活動は充分にはふれられてこなかった。

そこで、以下では日本人と朝鮮人の関係について、大阪市とともに東京市に焦点をあて、それぞれの客観的条件の違いに留意しつつ、明らかにしていくこととしたい。その際に、日常生活での接触や、マルクス主義系にとどまらない社会運動やビジネス、大衆文化等での状況を明らかにしていくこととする。そして、この時期の都市において多文化的状況の成立が阻まれた要因についても論じていくこととしたい。

1　日本内地大都市への朝鮮人の移住増加と人口構成

日本内地で労働し生活する朝鮮人はすでに一九一〇年代から増えていたが、本格的に増加し始めたのは一九二〇年代以降のことであった。これは、植民地朝鮮において農民の経済的窮迫が進行したことと、日本内地の雇用主が低賃金労働者を必要としたことによる。日本内地での朝鮮人の就労先＝居住地は全国各地に広がりをもち、必ずしも都市に限定はされない。炭鉱労働者やダム工事、水力発電所工事、鉄道工事などに従事した者は、交通が不便で人口稀薄な土地に暮らしていた。しかし、職を求めて日本にやってきた朝鮮人が多く流れ込んだのは大都市であり、戦間期においてはとくにその傾向が強かったことが確認できる。すなわち、東京、横浜、名古屋、京都、大阪、神戸の六大都市を含む東京、神奈川、愛知、京都、大阪、兵庫の六府県の朝鮮人人口が全国の朝鮮人人口総体に占める比率をみれば、一九一〇年には三四・四六%で、一九二〇年時点でも三六・一〇%とそれほど変化はない。しかし、一九三〇年には五五・三七%、一九三五年では六五・六〇%と高まりをみせ、一九四〇年になると戦時動員政策によって産炭地などで就労する朝鮮人が増加したため若干低下したものの、それでも五七・五八%と半数を超える、という推移を示していた。[3] このように、大都市が朝鮮人を吸引したのは、低賃金の労働力を必要としていた中小零細工場などの非熟練部門や都市のインフラ整備にかかわる土木建築工事の仕事や港湾荷役業など、朝鮮人が就労しうる場所が相対的に多かったこと、さらに、古物商などいわゆる都市雑業で生計を維持する可能性があったこと、などによっている。

さて、朝鮮人が流入した大都市のうち、大阪と東京について、具体的に戦間期の朝鮮人人口の推移をみれば、つぎのようである。まず、大阪市については、一九二五年以降の朝鮮人人口が把握され、したがって総人口に占める比率等も算出できる。それを示した表1からわかるように、すでに一九二五年で朝鮮人人口は三万人を超えており、その後も増加を続けた。同時に、朝鮮人人口比率もほぼ一貫して高まっており、一九三〇年代半ばには五%程度、つまり大阪市民の二〇人に一人が朝鮮人となっていた。

東京市の朝鮮人人口に関しては断片的にしか確認できない。しかし、一九二七年以降の「外地人」(朝鮮籍と台湾籍に編入されている、朝鮮人と台湾人）の人口は各年について確認でき、表2のようになっている。外地人人口の大多数は朝鮮人で占められており、朝鮮人人口比率は表2の外地人人口比率を若干下回る数字であったと考えられるので、それが一％を超える水準となるのは一九四〇年代に入ってからであったと推測できる。

二つの表からわかるように、大阪市と東京市の朝鮮人人口、朝鮮人人口比率はかなり差がある。あるいは、大阪市は朝鮮人の流入が抜きんでて多かったともいえよう。ちなみに、一九三〇年代における大阪市の朝鮮人人口の規模は、さすがに京城府《けいじょうふ》にはおよばないが、一九三〇年代には平壌府《へいじょうふ》や釜山府《ふざんふ》と肩を並べるほどとなっていたのである。ただし、東京市への朝鮮人の流入が少なかったわけではない。朝鮮人人口比率は全国平均程度であったが、人口の絶対数は大阪市につぐ数字であり、同時代の朝鮮内の都市と比べれば仁川府《じんせんふ》と同程度であったのである。

朝鮮人人口の絶対数および全人口に占める比率についての、東京と大阪の差は以上のようであるが、これ以外にも、両都市における朝鮮人の位置にはさまざまな違いが認められる。

まず、「民族的な人口密度」についてみても、かなり異なる。一平方キロメートルあたりの朝鮮人人口は、一九三五年時点で大阪市が八二四・七六人であったのに対して、東京市では九五・三八人という水準であったのである[4]。これは市全体に平均化した数字であるが、それぞれの市の内部における、朝鮮人の分布にも差異が認められる。大阪市の場合、一定の地域にとくに集中する傾向が強かった。一九三三年の調査によれば、「朝鮮人密住地」は東成区、西成区にはそれぞれ一六カ所、此花区《このはな》に一一カ所などとなって

表1　大阪市の朝鮮人人口および朝鮮人人口比率，人口増加数の推移　単位：人

年	A 総人口	B 朝鮮人人口	B／A %	C 総人口増加数	D 朝鮮人人口増加数	D／C %
1925	2,114,804	31,860	1.51			
1926	2,186,900	35,229	1.61	72,096	3,369	4.67
1927	2,259,900	40,960	1.81	73,000	5,731	7.85
1928	2,333,800	44,864	1.92	73,900	3,904	5.28
1929	2,408,800	55,603	2.31	75,000	10,739	14.32
1930	2,453,573	78,373	3.19	44,773	—	—
1931	2,519,500	69,092	2.74	65,927	—	—
1932	2,586,300	94,338	3.65	66,800	25,246	37.79
1933	2,654,000	111,721	4.21	67,700	17,383	25.68
1934	2,722,700	134,001	4.92	68,700	22,280	32.43
1935	2,989,874	154,503	5.17	267,174	20,502	7.67
1936	3,101,900	170,339	5.49	112,026	15,836	14.14
1937	3,213,000	175,405	5.46	111,100	5,066	4.56
1938	3,321,200	181,682	5.47	108,200	6,277	5.80
1939	3,394,200	206,332	6.08	73,000	24,650	33.77
1940	3,252,340	233,084	7.17	−141,860	26,752	−18.86

註　1930年は他の年と調査方法が異なるため，同年および1931年の増減は不明である。
［出典］大阪市『大阪市統計書』各年版

表2　東京市の外地人人口および外地人人口比率，人口増加数の推移　単位：人

年	A 総人口	B 外地人人口	B／A %	C 総人口増加数	D 外地人人口増加数	D／C %
1927	1,907,692	6,964	0.37			
1928	1,869,005	10,317	0.55	−38,687	3,353	—
1929	1,958,398	11,401	0.58	89,393	1,084	1.21
1930	2,012,603	10,133	0.50	54,205	−1,268	—
1931	2,061,078	10,195	0.49	48,475	62	0.13
1932	5,298,957	33,698	0.64	—	—	—
1933	5,432,054	36,340	0.67	133,097	2,642	1.99
1934	5,617,842	41,899	0.75	185,788	5,559	2.99
1935	5,822,743	45,746	0.79	204,901	3,847	1.88
1936	6,007,255	50,382	0.84	184,512	4,636	2.51
1937	6,155,851	54,437	0.88	148,596	4,055	2.73
1938	6,325,025	59,780	0.95	169,174	5,343	3.16
1939	6,469,999	73,447	1.14	144,974	13,667	9.43
1940	6,756,453	92,262	1.37	286,454	18,815	6.57
1941	6,920,785	103,909	1.50	164,332	11,647	7.09

［出典］警視庁『警視庁統計書』各年版

いたが、それぞれしばしば隣接した地域に存在した[5]。これに対して、東京市での朝鮮人集住地は、芝区、深川区、城東区、荒川区、豊島区などに存在したが、それぞれがそれほど近い場所にはなく、いわば「孤立」した状態におかれていた[6]。

この時期における人口増加総体に占める朝鮮人の比率についても、大阪市と東京市の差が認められる。一九二〇年代後半から一九四〇年代初めにかけて、二つの都市の総人口、朝鮮人人口はともにほぼ一貫して増加したが、大阪市の場合は、人口増加全体のかなりの部分を朝鮮人が占めていた。表1にみるように、年によっては四分の一や三分の一、さらには二分の一を占めたのである。しかし、東京市の人口増加数に占める外地人増加数の比率は、一九三八年までは一〜三%台にとどまっていた(表2)。ちなみに、国勢調査によれば、一九三〇年の大阪市における他府県出生者のうち、朝鮮生まれは九番目に多く、滋賀県生まれや東京府生まれを上回っていた。厳密には朝鮮生まれイコール朝鮮人ではないが、朝鮮生まれの数字とそう変わらないとみれば、この時点ですでに朝鮮人は流入者集団のなかでも、比較的大きな規模の集団となっていたことがわかる。一方、同じ一九三〇年時点の東京市における朝鮮出生者は、他府県出生者中の二三番目である。

それぞれの都市全体の人口構成等とともに、流入してきている朝鮮人の属性についても特徴が存在することにも注意する必要がある。まず、東京府の場合、比較的教育程度が高い者が多い(表3)。いうまでもなく、これは留学生が東京府に集中したことによるものである。大阪府も他府県に比べれば教育程度が高い者の割合は少なくないが(全国平均を下回るのは東京府が全国平均を引き上げているため)、東京府とは大きな

表3　全国，東京府，大阪府の朝鮮人の教育程度別人口比（1935年）

教育程度	全国 %	東京府 %	大阪府 %
大学程度	0.25	2.67	0.20
高校程度	0.33	3.05	0.08
中学程度	1.23	6.46	0.77
小学校程度	35.27	39.16	42.28
「文盲」	62.92	48.75	56.86

［出典］内務省警保局『社会運動の状況』1935年版

開きがある。

　これと関連して、東京府の場合、朝鮮人の出身地が比較的多様なものとなっているという特徴も認められる。職を求めて日本内地にやってくる朝鮮人の出身地は慶尚南道《キョンサンナムド》・慶尚北道《キョンサンプクド》・全羅南道《チョルラナムド》(現在の済州道《チェジュド》を含む)、全羅北道《チョルラプクド》に集中していたが、東京府の場合、それ以外の地域からも留学生が多数、来ていたためである。他方、大阪府の朝鮮人は、前記四道以外は少数であり、全羅南道出身者が極めて多いという特徴がある。[7]そして、全羅南道のうちでも済州島《チェジュド》出身者がかなりの割合になっていた。[8]これは、前述のように、大阪と済州島のあいだに直通の航路があったことが関係している。

　以上、東京市と大阪市では、戦間期に多数の朝鮮人を内部にかかえることになった点では共通しているが、それぞれの都市での流入のあり方や人口の規模、人口構成における位置等に差異がみられることが確認できた。そのような差異を踏まえたうえで、つぎにそれぞれの都市における朝鮮人と日本人との関係をみていくこととしよう。

2 朝鮮人と日本人の相互認識と日常生活における接触

よく知られているように、この時期すでに、日本人のあいだには、朝鮮人に対する根強い差別が存在していた。朝鮮の近代化の「遅れ」や、自立した国家を形成する能力をもたないといった認識から、韓国併合以前から日本人は朝鮮人に対するマイナスイメージをもっていたが、さらに、朝鮮人移住者の流入は差別的な見方を増幅させる結果をもたらした。一般の人びとが忌避するような低賃金かつ劣悪な労働条件の職場で働き、低収入と民族差別を背景として「不法占拠」した土地に建てたバラック小屋やあるいは「不良住宅」の借家に集団的に居住する朝鮮人を目の当たりにすることで、日本人のあいだに、朝鮮人は不潔である、貧しい、といったイメージが浸透していったのである。

以上のような差別感情と同時に、支配・被支配の関係が存在したことによって、日本人の朝鮮人認識は歪んだものとなっていた。つまり、日本国家への抵抗の可能性を有する者として、日本人たちは朝鮮人を警戒していたのである。一九二三年の関東大震災時の朝鮮人虐殺事件も、その四年前に三・一運動が展開され、日本人に朝鮮独立運動の記憶が生々しく残っていたことなどを考えれば、朝鮮人の反抗に対する恐れが背景の一つとなっているとみていいだろう。これを契機に、日本国家は、改めて日本人も朝鮮人も同じ帝国臣民であるとし、「内鮮融和《ないせんゆうわ》」を強調したが、その後も民衆レヴェルでは以上のような朝鮮人に対する見方は変化しなかった。民族解放運動が粘り強く展開されたこともあり、「不逞鮮人《ふていせんじん》」の語はしばしば日本の新聞の見出しに掲げられ、朝鮮人に対する危険視は、つねに露骨に示されるわけではなかったにせよ、根強かったのである。

他方、朝鮮人の側は、日本人をことさら劣った存在であるとみたり、排除の対象としたりするようなことはなかった。ただし、当然、差別への反発はもっていたし、また、とりわけ関東大震災時の虐殺事件以降、場合によっては生命にかかわる迫害すらありうるという緊張した民族関係を意識しつつ生活していたことは確かであろう。

では、このようななかで、日本内地の都市にやってきた朝鮮人と日本人住民は、日常的にはどのような関係を結んでいたのであろうか。この点について一般的な傾向や、あるいはどのような条件が影響を与えたのかを分析することは、極めて困難である。そもそも、民族関係が良好であるか否かは主観的にしか判断できないし、したがって、それに関する同時代の社会調査などもあまり残されていないからである。

ただし、東京府社会局が一九三四年におこなった調査では、七カ所の朝鮮人集住地をとくにとりあげ、その形成の背景や朝鮮人人口などとともに、日本人住民との関係についての観察もなされている。そこでの記述をまとめて示したのが表４である。

ここにみられるように、それぞれの朝鮮人集住地は、朝鮮人が来住する以前の状況、朝鮮人が住むようになってからの歴史、住んでいる家屋の状況等、いずれも一様ではない。しかし、それらの要因はあまり民族関係に影響を与えていない。民族関係に影響を与えているのは、何より朝鮮人人口比率であり、それが一〜三％台にとどまるＡ・Ｄ・Ｅ地区は、両者の関係は良好ではないとされている。そして、もう一つ

表4　東京市調査による朝鮮人集住地の民族関係

	住　所 *	面　積 坪	形成の契機	家屋形態	朝鮮人数　人	朝鮮人比率　%	性比・朝鮮 **	民族関係
A	小石川区戸崎町・久堅町・白山御殿町・氷川下町	約2,500	1910年代に小家屋，共同印刷工場設立後バラック形成，細民が移り住む	トンネル長屋，共同長屋	349	1.34	2.01	疎遠
B	豊島区西巣鴨	約2,500	震災後，家賃の関係から朝鮮人が増加	バラック長屋	400	9.09	4.00	円満
C	豊島区日之出町	約3,000	震災後，家賃の関係から朝鮮人が増加	バラック長屋，バラック一戸建等	400	9.64	3.00	円満
D	荒川区南千住町	約35,000	工場地帯で細民が密集	日本人所有のバラック平屋長屋	459	1.70	3.50	未だ良好ならず朝鮮人団体の活動で好転の兆し
E	荒川区三河島	約3,800	会社工場の存在，震災後，細民街として発展，朝鮮人も移住	日本人所有のバラック平屋長屋，朝鮮人所有のトンネル長屋１棟	700	3.20	4.34	未だ良好ならず
F	城東区大島町	約1,200	1918年頃運河開削工事で来住し，漸次増加	平屋。バラック・トンネル長屋なし	909	5.69	1.33	円満
G	城東区南砂町・北砂町	約1,000	1918年頃運河開削工事で来住し，漸次増加	朝鮮人建設のバラック５棟，木造平屋40戸	886	8.65	1.26	円満

*　住所についてはより細かい情報があるが省略した。

**　性比は女子１に対する男子の数である。

［出典］「東京府下に於ける朝鮮人の密集地域に関する調査」『社会福利』1934年７月。

は、男子単身者の比重、言い換えれば家族を形成する朝鮮人が少ないか多いかである。家族を形成する朝鮮人が多いほうが当然、日本人と朝鮮人の接触機会が増えその関係が密接となるとの予想があるが、実際に性比が一・〇〇に近い、F・G地区は関係が「円満」とされている。これに対して、男子単身者の多い、A・D・E地区は「円満」ではない。ただし、問題はB地区とC地区である。両者とも男子単身者が多い地区であったわけであるが、民族関係は「円満」となっている。しかし、この二つの地区については「内鮮婦人会幼稚園」があり、そこに朝鮮人児童が在籍していたとの記述がみえる。つまりは、たしかに男子単身者も多かったが、おそらく家族を形成していた朝鮮人は子どもの問題を通じて日本人との結びつきをもっていたのである。

ただし、「円満」とされる地区においても、日本人のあいだに、朝鮮人たちが自分たちの住む地域の同じ構成員であるという意識がどれだけあったかは疑問である。この社会調査によれば、いずれの地区においても朝鮮人の方面委員は存在せず、日本人方面委員が朝鮮人の貧困者に働きかけるケースは稀であった。また、朝鮮人住民が町内会のなかで、あるいは神社の祭礼の役員として活動するといったことが報告されているのはD地区のみにとどまっている。つまりは、ある程度、朝鮮人人口比率が高まり、家族を形成する定住層が形成され始めると日本人住民の側に朝鮮人の存在が意識されるようになることは確かであるが、その段階でも、朝鮮人が同じ地域の構成員として認められ、重要な役割をはたすような関係が築かれたわけではなかったのである。

これとともに、単純に朝鮮人人口、家族を形成する層の増加および地域における朝鮮人人口比率の上昇および家族を有する定住層の増加に比例して、日本人と朝鮮人の関係が深まっていったわけではなかったことにも注意する必要がある。東京市と大阪市の状況との比較はその点について示唆を与えている。両市を比べた場合、朝鮮人人口数、人口比率は、大阪市が格段の差をもって東京市を上回っている。また、家族を形成していた朝鮮人の絶対数も大阪市がより多かったとみられる。だが、朝鮮人の社会的結合のなかで、日本人と関係する要素がより多くみられるのは東京市のほうなのである。

通婚率についての統計はこの点をもっとも明確に示している。残念ながら府レヴェルのものしか確認できないが、一九三九年時点で、東京府では朝鮮人夫・日本人妻で構成される世帯が朝鮮人を夫とする世帯のなかで一三・六〇%を占めたのに対して、大阪府では〇・七〇%とごく少数だったのである。[9]

また、朝鮮人の就業は民族差別ゆえに一般的なルートでは困難さをともなったが、東京のほうが大阪よ

図1　就職差別を描いた漫画　九州出身と偽って飯場に入った朝鮮人が寝ながら「アリラン」を歌ってしまい，追い出される。
［出典］『東京朝鮮民報』1935年５月25日付。

りも民族的なネットワーク以外のルートを活用している傾向がみられる。設問に関する詳細が把握できないため注意が必要ではあるが、一九三二年の大阪市の世帯主を対象とする調査によれば、おもな就業経路は、個人紹介五一・四八%、自己志願二六・一四%、自発営業一三・六一%、職業紹介所八・六〇%などであり、おそらく朝鮮人の友人や知人を媒介とする個人紹介が過半を超えている[10]。ここでの自発営業はおそらく自営業のことであろうから、これを除外して集計しなおすと、個人紹介五九・五九%、自己志願三〇・二六%、職業紹介所九・九五%となる。これに対して、一九三五年の東京市の有世帯労働者を対象とする調査では、職業紹介所四八・〇六%、知人紹介三〇・〇一%、自己直接一一・二八%、保護団体四・八六%、親方三・〇〇%などで、職業紹介所が半数近くを占めていたのである[11]。

では、多くの朝鮮人人口をかかえ、人口比率も高い、つまり、日本人からみても朝鮮人が目立った存在となっていた大阪において、逆に、両民族の関係が稀薄であったのはなぜであろうか。この点も、実は人口のあり方の違いが関係していたとみられる。つまり、朝鮮人人口の規模が大きく、密集度が高いからこそ、大阪の朝鮮人は、自民族のみで完結した関係のなかで社会生活を営むことができたのである。

これとともに、同じ朝鮮人のなかでも、大阪では(とくに済州島出身者の場合)、地縁や血縁を媒介にしたとりわけ強いネットワークを築くことができたこと、逆に東京では高い日本語能力をもつインテリ層が多かったことも、社会的結合における民族的要素の違いを生み出していたと考えられる。

3　社会運動・政治組織における朝鮮人と日本人の関係

都市に移住してきた朝鮮人たちは自らの生活と権利を守るべく活動した。また、普通選挙法成立以後、在日朝鮮人の成年男子には、選挙権・被選挙権が付与されており、地域における重要な政治主体となる可能性を有していた。

このようなかで、一部では日本人と朝鮮人とによる共同闘争も進められた。活発に展開されたマルクス主義者の活動もそうである。一九二〇年代までは朝鮮人マルクス主義者は独自に労働組合などをつくっていたが、コミンテルンの指示を受けて日本共産党系諸団体への合流がはかられ、一九三〇年代には日朝合同で運動が進められたのである。また、彼らと立場を異にする、日本帝国のもとでの「内鮮融和」の運動や、それ以外のさまざまな生活上の助け合いなどの事業でも、日本人と朝鮮人がともに活動を担った事例は確認できる。

ただし、もちろん、民族別に組織された団体は、すべての時期を通じて多く存在していた。そして、前項でふれたような社会的結合の違いを反映して、朝鮮人の社会運動の展開についても、大阪と東京とのあいだでは若干の相違がみられた。すなわち、大阪においては民族独自の組織で展開される傾向が強かったのである。例えば、一九三〇年代前半、大阪でもマルクス主義者が主導する民族別団体は解体されたものの、その前後から、生活問題に対処する民族独自の団体が結成されていた。生活物資の共同購入をおこな

表5　在日朝鮮人関係団体中の日本人会員の存在する団体数(1935年)

系統および分類		東京府	大阪府
共産系極左派	全団体数	11	13
	日本人を含む団体	8	0
	中心人物に日本人がいる団体	1	1
共産系左翼派	全団体数	3	11
	日本人を含む団体	3	3
	中心人物に日本人がいる団体	0	0
社会民主主義派	全団体数	5	1
	日本人を含む団体	5	0
	中心人物に日本人がいる団体	3	0
国家主義ないし国家社会主義系	全団体数	0	8
	日本人を含む団体	0	2
	中心人物に日本人がいる団体	0	1
無政府主義系	全団体数	7	2
	日本人を含む団体	0	0
	中心人物に日本人がいる団体	0	0
民族主義系留学生団体	全団体数	45	2
	日本人を含む団体	0	0
	中心人物に日本人がいる団体	0	0
民族主義系宗教団体	全団体数	23	40
	日本人を含む団体	1	0
	中心人物に日本人がいる団体	0	0
民族主義系その他の団体	全団体数	76	3
	日本人を含む団体	8	0
	中心人物に日本人がいる団体	1	0

註　融和親睦系団体については原表に省略があり，分類して掲示できない。
［出典］内務省警保局『社会運動の状況』1935年版

う消費組合や借家人組合、児童に対する民族的な教育の機関、医療協同組合、済州島と大阪を結ぶ航路の自主運航をおこなう協同組合などである。また、労働組合についても、一部の大阪の活動家は、コミンテルンの指令にしたがった、全協(日本労働組合全国協議会)への合流という道を選択するのではなく、地域的な朝鮮人独自の労働組合を残すという選択をとった者もいた[12]。

コミンテルン系以外のさまざまな社会運動についてみても、やはり、大阪においては朝鮮人独自で展開されている傾向が強い。表5、6は、内務省警保局が作成していた『社会運動の状況』中の「在留朝鮮人主要

表6　在日朝鮮人関係団体中の朝鮮人会員と日本人会員の数(1935年)

系統および分類		東京府		大阪府	
		実数	比率%	実数	比率%
共産系極左派	朝鮮人	320	47.20	812	100.00
	日本人	358	52.80	0	0.00
共産系左翼派	朝鮮人	134	33.50	900	88.93
	日本人	266	66.50	112	11.07
社会民主主義派	朝鮮人	185	24.12	120	100.00
	日本人	582	75.88	0	0.00
国家主義ないし国家社会主義系	朝鮮人	0	—	513	12.72
	日本人	0	—	3,520	87.28
無政府主義系	朝鮮人	490	100.00	35	100.00
	日本人	0	0.00	0	0.00
民族主義系留学生団体	朝鮮人	2,878	100.00	60	100.00
	日本人	0	0.00	0	0.00
民族主義系宗教団体	朝鮮人	1,278	99.61	2,788	100.00
	日本人	5	0.39	0	0.00
民族主義系その他の団体	朝鮮人	3,865	97.36	1,080	100.00
	日本人	105	2.64	0	0.00
融和親睦系その他	朝鮮人	12,294	67.29	16,466	98.29
	日本人	5,977	32.71	287	1.71

[出典] 内務省警保局『社会運動の状況』1935年版

団体現勢一覧表」をもとに作成したものである。

ここからわかるように、コミンテルン系(共産系極左派)に限らず、合法左派(共産系左翼派)や社会民主主義系、民族主義系、融和親睦系の諸団体において、大阪では朝鮮人のみの組織が大半である。「国家主義ないし国家社会主義系」団体のみは異なるが、これは「昭和神聖会大阪本部」なる日本人が主導し日本人会員三五〇〇名を擁する組織に朝鮮人三〇名が参加しているという、いわば特殊な事例が統計数字に影響しているためである。

ただし、以上のような傾向の違いはあるものの、いずれの地域においても、地方議員や政党の支部等が朝鮮人の生活や権利の問題について重視して取り組んでいた事例は確認できない。その意味では地域政治における民族的要素は微弱である。

もっとも、地域における民族的対立の可能性や緊張が、地域の日本人有力者らに認識されていたことは確かである。日本人有力者を幹部とする内鮮融和を掲げた団体が地域において活動し、一部の朝鮮人が日本帝国への忠誠をあえて示すかのように国家主義運動に参加していることは、そのことと無関係ではないはずである。そして、民族間の緊張それ自体が、朝鮮人の政治勢力としての登場を困難としていたとみることもできるだろう。

4 エスニックビジネスの展開と限定性

低賃金労働者として都市での生活をスタートさせた移住者たちがやがて経済的に上昇し、さまざまな事業を開始することは、世界的にみて珍しいことではない。同時に、文化的独自性をもつ移住者たちによって担われる事業(エスニックビジネス)が、その都市の生活の重要な要素となり、新たな文化を付け加えることもしばしばみられる現象である。

戦間期の在日朝鮮人についても、経済的に上昇した者は存在し、エスニックビジネスが展開されていたことが確認できる。そして、これについても東京と大阪では、その展開に若干の相違がみられた。そもそも、ビジネスの展開は市場のあり方に規定され、それは人口の規模や構成に関係している。そして、朝鮮人移住者たちが手っ取り早く始められるビジネスは同じ民族を相手とする商業やサーヴィス業であったことに注意する必要がある。これらの事業は、朝鮮人人口が多い地域では成り立つが、少ない地域では困難である。そのようなことから、大阪市においては、朝鮮人相手の商業が極めて活発で、朝鮮市場と呼ばれた場所もいくつか成立していたのに対して[13]、東京市では、それほどまでに朝鮮人相手の商業が活性化しなかったのである（少なくとも朝鮮市場と呼ばれるような場所は一九三〇年代にはなかった）。ただし、東京では朝鮮人向けの「市場規模」の狭さゆえに、朝鮮人の事業が日本人も対象として広がりをもつようになっていた事例もみられるという特徴が生まれることとなった。

例えば、朝鮮人が展開したエスニックビジネスのなかでかなり大きな位置を占める朝鮮料理業は、当初、朝鮮人を顧客として始められ、市場規模の違いから当然、大阪においてより多くの朝鮮料理店ができていた。大阪（府か市かは不明）では一九三〇年代中頃に「料理屋も相当に多く女給だけでも二七〇〇人余り」と伝えられていたのに対して[14]、一九三八年時点の東京では「市内各所に散在している朝鮮料理店は無慮三七カ所」という状況にあった[15]。「女給」をおかない食堂タイプのものもあっただろうから、大阪の朝鮮料理店数は東京のそれをはるかに上回っていたことは確実である。だが、大阪の場合、その立地は朝鮮人集住地であるケースが多かったのである。新聞広告から住所がわかる大阪市内の朝鮮料理店三七軒のうち、同一町丁内に大阪府警察部が認定した「朝鮮人密集地域」をかかえる場所にあるものは一三軒を数えている[16]。

これに対して、東京市内の朝鮮料理店で住所がわかるものは新聞広告から三二軒把握されるが、とくに朝鮮人人口比率が高い場所に集中している傾向は確認できない。むしろ、東京市の朝鮮料理店の特徴は、学生街に多かったことであり、早稲田《わせだ》周辺に六軒（淀橋区戸塚町、牛込区早稲田鶴巻町および市電早稲田、早稲田正門の記述があるケースを含む）、神田周辺に九軒（神田区三崎町、神保《じんぼう》町、中猿楽《なかさるがく》町、表猿楽町、神田）の存在を確認できる[17]。これはもちろん、留学生を相手とすれば経営が成り立ったためであろう。しかし、学生街に集う人びとの大半は、日本人であり、学生街の朝鮮料理店の顧客には彼らも含まれるようになったのである。一九二〇年代末から神田区猿楽町で営業していた明月館の場合、客の三分の二が日本人であったことが伝えられている。[18] そして、この明月館は一九三〇年代には麹町《こうじまち》区永田町と四谷区新宿にも店をだしており、内大臣秘書官長を務めていた木戸幸一などの政府高官や、当時一流とされた日本人文化人も利用するようになっていた。[19]

では、このような朝鮮人のエスニックビジネスの展開は、戦間期の日本内地の都市に新しい文化を付け加えたといえるだろうか？

まず、東京においては、たしかに日本人向けのビジネスもおこなわれたが、やはりそれは限定的であったとみるべきであろう。朝鮮料理店についてみても、それを利用した日本人の数は少数であり、一九三〇年代後半になっても、ほとんどの日本人にとって朝鮮料理は接する機会のないものであったのである。これは、朝鮮半島への観光を呼びかける日本人が「近頃朝鮮人の内地移住者も多くなり、諸風俗の中、婦人の衣装と髪飾りの類は、内地でもみられるのであるが、男子の衣冠、又は飲食と住家との方面は、現地朝鮮へ渡らねば、見ることが出来ない」と記していたことからもうかがえる。[20]

他方、大阪の場合、朝鮮市場や朝鮮料理店が、一般の市民や行政当局にとって無視できない存在になっていたことは確かである。実際、当時の一般雑誌などでも朝鮮市場は「大阪の新名所」として紹介されるほどであった。[21] ただし、そこに立ち寄る日本人は少なかった(図2にみるように朝鮮服を着た人がほとんどである)。また、大阪の朝鮮料理店については、日本人が利用したという記録がなく、少なくとも広く受け入れられたとは考えられない。その意味ではそれほど深く日本人住民の生活と関わりをもったとはいいがたい。

しかも、この時期には、日本人が朝鮮文化を劣ったものとみなし、拒否感をもつという文化的な障壁も存在していた。朝鮮料理に対する日本人の一般的な評価は、「臭い」「辛過ぎる」「食べられたものではない」というもので、[22] 朝鮮観光を勧める文章においてすら「朝鮮料理なるものは、美味求真党を垂涎《すいぜん》せしめる程のものでもない」と記されていたのである。[23] また、朝鮮市場についても雑誌の紹介記事は「グロ市

図2　朝鮮服を着た人でにぎわう朝鮮市場　右上にハングルで書かれた「クッパ」の文字が見える。おそらく朝鮮料理屋であろう。
［出典］「白衣と豚の頭が描く大阪の新名所「朝鮮市場」」『アサヒグラフ』1933年11月８日。

場」と表現していた。[24]さらに、下層労働者である朝鮮人が出入りする朝鮮料理店については、喧嘩や賭博と結びつけてとらえられ、しばしば女性の性的サーヴィスも提供されたこともあって、「風紀を紊《みだ》す」と批判的な眼が向けられていた。[25]

そして、一九三〇年代半ばには、大阪府では警察当局によって、朝鮮市場や朝鮮料理店を取り締まりの対象とし、なるべく拡大しないような措置をとる方針が打ち出されてもいた。[26]実際にはその後も朝鮮市場や朝鮮料理店の営業は続くが、右にみたような日本人住民の意識とあいまって、都市空間での発展の道は閉ざされたのである。

5 エスニック文化活動の広がりと障壁

朝鮮料理などのエスニックビジネスで日本人を対象とする展開が限定的であったのに対して、朝鮮人の文化活動と日本人との関係はやや異なる展開をみせた。ただし、朝鮮人内部で完結していた活動ももちろん少なくない。とくに大阪ではそのような傾向がみられる。

大阪ではすでに一九二六年に、朝鮮語による「大成団」という劇団の公演があったことがわかる。上演の場所は朝鮮人集住地である東成区鶴橋《つるはし》の劇場であり、脚本原作者は朝鮮人の多い猪飼野在住者で、俳優も「鶴橋鮮人部落に住む俳優経験のある人々十五名ほど」であったとされている。[27]大成団のその後の活動は確認できないが、一九三〇年代には、大阪在留の朝鮮人による商業的な演芸団体や、[28]朝鮮民謡などをレパートリーとするアマチュアの朝鮮人オーケストラが活動していた。[29] これらの動きには日本人との接点は確認できない。このほか、朝鮮人の親睦団体や朝鮮の新聞社主催の慰安会で朝鮮の歌や踊りが披露されていたこともしばしばあったが、それらも朝鮮人のみを対象としていたと考えられる。

東京でも同様の慰安会が開かれていた。したがって、朝鮮人が担い手となり、朝鮮人のみの集まりで楽しまれた演芸活動は東京でもおこなわれていたわけである。しかし、東京では、一方において、日本のプロレタリア演劇運動の一環として日本人と共同で展開された朝鮮人の演劇運動が活発であったことに注意する必要がある。

東京での朝鮮人向け演劇の上演記録は、やはり一九二〇年代半ばに遡ることができる。これは、朝鮮プロレタリア芸術連盟(カップ)東京支部演劇部が、朝鮮人の労働組合主催の慰安会でおこなったというものであったが、[30] カップ東京支部はこの時点から日本のプロレタリア文化運動と連絡をもっていた。そして、カップの流れをくむ演劇運動は一九三〇年代前半には日本プロレタリア文化連盟(コップ)参加の日本プロレタリア演劇同盟(プロット)のなかで活動を続けていた。上演は、野外(朝鮮人労働者の慰安会)や朝鮮人集住地周辺の公民館等のほか、銀座にあった築地小劇場でもおこなわれており、日本人の観客も動員したことが確認できる。[31] そして、プロット崩壊後に、朝鮮語演劇を続けた朝鮮芸術座も日本人の新劇人と関係をもっており、その活動は、日本の新劇関係者が発行する雑誌『テアトロ』にも紹介されていた。

以上は朝鮮人移住者自身が担い手となった活動であるが、このほかに、同じ時期にはいわばより直接的な朝鮮半島からの大衆文化の流入がみられるようになっていたことも注目される。つまり、朝鮮半島でおもに活躍していた舞踊家、歌手や劇団が日本内地の都市で公演をおこなったり、朝鮮映画が持ち込まれたりするようになっていたのである。[32]

一九三〇年代初めにはすでに確認できる、そのような朝鮮半島からやってきた劇団の興行や映画の上映は、少なくとも当初は、日本人を対象としていなかったと思われる。前述のように、大阪市や東京市の朝鮮人人口は朝鮮内の地方都市並みであって、市場規模としては十分だったからである。また、言語の壁の存在から、日本人が朝鮮の演劇などに親しむことはそう容易ではなかったとも考えられる。[33]

しかし、音楽や踊りは、言語の障壁を超えてしばしば他民族に受け入れられるし、むしろエキゾチズムの対象となって興味がもたれる場合もある。また、そもそも、朝鮮人の演芸関係者には、日本人からスタイルを学んで芸を確立し、日本語にも通じ、日本の観客の求めるものを理解する者も存在していた。このようななかで、やはり一九三〇年代初めには、大都市の劇場で日本人の観客を相手に朝鮮人が興行をおこなうケースがあらわれ始めていた。

今日も名前が知られているそのような朝鮮人の演芸関係者や劇団としては、舞踊家の崔承喜《チェスンヒ》[34]、バラエティショーを展開した裵亀子《ペグジャ》[35]や朝鮮のレコード会社であるOKレコードが結成した朝鮮楽劇団[36]などがあげられる。これらの興行では、朝鮮の衣装を身につけ、朝鮮の伝統を取り入れた踊りや歌が披露され、朝鮮語も用いられていた。そして、そのような「朝鮮情緒」に日本人観客は魅力を見出していたのである。例えば、裵亀子自身によれば、日本内地の都市での公演に対する反応はつぎのようであったとされる。

民謡アリランはここの人〔日本人〕たちの耳にもメロディーがもの悲しく、興味深く聞かれているようで、公演が終わるといつも流行するようです。

それと童謡、ユウガオの花、アガシとヤンサンド、トラジ打令《タリョン》、チャンドトリ打令の曲調に合わせて踊る踊りは朝鮮の情調の新しみを感じるといい、新しいものを好む若い人びとのあいだでは大変歓迎されています。

先日、京都松竹座で公演していた際、『京都日日』という新聞の演芸記事のなかで、つぎのような評をみました。

「今松竹にかかっている朝鮮の舞踊団の公演はいろいろな意味で話題になっている。中でも朝鮮の童謡舞踊が一等吾々にいろいろなものを感じさせる——朝鮮らしい味、リズムが吾々の心持を捉へるのだらう」[37]

以上のような朝鮮人演芸人たちの興行は、朝鮮人集住地のなかの小さな劇場ではなく、大都市の代表的な繁華街にある大きな劇場でおこなわれた。つまり、彼らの演芸に接する機会は、一部の日本人に限定されていなかったのである。ここから大衆レヴェルの朝鮮文化の受容は広がりをみせ、日本人の文化関係者による朝鮮文化の摂取もおこなわれるようになった。例えば、一九三〇年代初めには「アリランの唄も今では日本でもかなりに有名で邦訳も二、三有る位ゐ」となっており、[38] 一九三六年には崔承喜を主演女優として、朝鮮を舞台とする劇映画が日本人によってつくられた。[39] さらには、プロレタリア演劇運動全盛の時から朝鮮人との関係が深かった村山知義らが率いる新協劇団は、一九三八年に朝鮮の古典小説「春香伝」を題材とする劇を上演している。日本人俳優による日本語を用いての演技であったものの、この舞台は日本人の朝鮮文化に対するさらなる関心を呼び起こし、日本の商業演劇界では朝鮮にちなんだレパートリーが続き、一種の朝鮮ブームになっていたとまでいわれる[40]。

もっとも、一九三〇年代後半の大都市においても、朝鮮人と日本人の住民は、しばしば異なる状況のなかで、朝鮮の歌や踊りを享受していたことにも注意すべきだろう。つまり、いぜんとして朝鮮人集住地で開かれる朝鮮人団体主催の慰安会などでの余興のような、いわば朝鮮人社会のなかで完結している文化活動も同じ時期におこなわれており、そこにはしばしば、日本人も対象とする興行で活躍していた朝鮮人演芸人も参加していたのであるが[41]、ほとんどの日本人はそのような事実すら知らなかったはずである。さらにいえば、おそらくは日本人の多くは、エキゾチズムの興味から朝鮮の歌や踊りを楽しんでいたのであり、異郷の地で久しぶりに出会う自らが親しんできた懐かしい文化としてそれに接する朝鮮人の観客とのあいだには、みえない断絶もあったと考えられる。

とはいえ、大阪や東京では、朝鮮文化に根ざした大衆芸能は、空間的には朝鮮人集住地の外にまで広がり、それを享受する人びとの民族的な限定性は取り払われつつあったことは確かである。そして、その一方で存在した朝鮮人社会内部での演芸の活動とあいまって、朝鮮人のエスニック文化活動は日本内地の都市の文化に新しい要素を付け加えつつあったといえる。

だが、そのような事態の進行は朝鮮人の民族意識の喚起にもつながる可能性をもつものであり、日本帝国としては許容できないことであった。それゆえ、一九三〇年代半ば以降には、朝鮮料理店や朝鮮市場と同様に、朝鮮の演芸も取り締まりの対象となっていった。プロレタリア文化運動系の朝鮮人演劇運動はそれ以前からしばしば治安維持法などによって関係者が検挙されていただけでなく、芝居を観に行こうとした者にすら圧迫が加えられていたが[42]、一九三六年には、最終的に弾圧によって途絶を余儀なくされている。また、同じ年には、大阪府警察部によって、朝鮮のトーキー映画について検閲により不許可の措置がとられている(ただし、その後も朝鮮映画は完全に禁止されたわけではない)[43]。この措置の理由は明確にされなかったが、同じ時期に強化されようとしていた同化政策と関連することは明白であった。同時に、その背景には、朝鮮人の民族意識に対する強い警戒があったことも疑いない。

戦時体制の確立された一九三九年には、朝鮮人の民族意識を呼び起こすことを恐れる警察当局が舞台の演出に介入するという事件も起こるようになっていた。すなわち、吉本興業と契約を結び大阪市の南海花月劇場で公演をおこなっていた朝鮮楽劇団に対し、警察が太極旗《たいきょくき》を用いた舞台背景を「諭旨撤去せしめた」のである。この演出は、吉本興業側の「濃厚なる朝鮮色彩の描出方の希望」を受けておこなわれたものであったが、当局は「大阪府……に於ける在住朝鮮人は二十四万余を算し観客も相当に達すべく、右旧韓国旗を掲出せる演劇を観覧せば、殊更に其の潜在的民族意識を醸《かも》す結果を招来せる」可能性があると考えたのである。なお、警察当局は朝鮮人の観客が朝鮮楽劇団側に寄せた手紙を分析し「斯種演劇の朝鮮人民衆におよぼす影響深刻なるものあるを認められ、取締上閑却を許さざるものあるを痛感せり」と報告していた[44]。そして、その後には、朝鮮人による興行において朝鮮語を用いることができないといった、厳しい取り締まりがおこなわれることとなったのである[45]。

以上、戦前期の日本の大都市における日本人と朝鮮人の関係を考えてきた。これまでの考察は限定的な史料に基づく概観であり、本来、より小さな範囲の具体的な民族関係の事例を集めて傾向を見出すことが必要であろう。その際には、日本人対朝鮮人という単純な捉え方ではなく、日本人のなかのさまざまな差異、階層や沖縄出身者や被差別部落民などの属性、かなり前からそこの土地に住んでいたかあるいは新住民かなどにも着目しなければならず、朝鮮人の側も職業や出身地、地縁結合の強弱等の差異を考慮しなければならない。

とはいえ、これまで述べてきたことから、つぎの諸点を確認することが可能であろう。

まず、日本内地の大都市への朝鮮人の移住は、絶対数からみても人口比から考えても無視しうるような水準ではなかったことと、朝鮮人移住者たちは自生的に独自文化を維持した社会を形成しつつあったことである。

ただし、朝鮮人人口、朝鮮人人口比率等の差から、朝鮮人社会の形成のあり方も若干、異なっていたということができる。朝鮮人独自で完結するかのごとき状況が築かれる傾向のあった大阪に比べ、朝鮮人人口が少なく、朝鮮人人口比率も相対的に低い東京では、朝鮮人たちも日本人との接触が多い傾向がみられたのである。そして、そのような傾向は、社会運動やエスニックビジネス、文化活動などにも影響を与えた。つまり、東京においては、しばしば日本人との関わりをもってこれらの活動が展開されたのである。

しかし、いずれの都市においても、朝鮮人の活動が伸張し、彼らの持ち込んだ文化が広く受け入れられ、日本人住民との新たな関係をつくりだすことにはならなかった。これは、朝鮮文化を劣ったものとみなした偏見も影響していたが、同時に日本帝国主義の朝鮮支配という問題が関係していた。とくに、朝鮮を植民地として領有し、それを前提とする社会秩序を維持しようとする行政当局がとっていた、民族意識の助長につながる一切を許さないとする対応は、都市における多文化的状況の成立を阻止した決定的要因となった。

付け加えれば、周知のようにその後、同化政策の展開された戦時下をへて戦後も長らく、日本の都市における多文化的要素は稀薄であった。これは朝鮮人のあいだでの民族文化の継承や朝鮮半島との紐帯の維持が困難となっていたこと、そして民族差別のなかで朝鮮人であることを表にだすことを避けなければならない状況があったことが関係している。そのようななかで、戦間期の日本内地の都市における朝鮮人の形成した社会や日本人との関係については、歴史研究の対象とならず、多くのことが忘れられている。しかし、日本の都市において、異なる文化的背景をもつ移住者たちが増加しつつある今日、戦間期の日本内地の都市について、民族関係の要素に注目して捉え直し、朝鮮人移住者の動向を発掘し記憶することは重要な意味をもつようになっているはずである。

1　例えば、金賛汀『異邦人は君ケ代丸に乗って――朝鮮人街猪飼野の形成史』（岩波書店、一九八五年）、杉原達『越境する民――近代大阪の朝鮮人史研究』（新幹社、一九九八年）など。

2　在日朝鮮人史に関する研究史は外村大『在日朝鮮人社会の歴史学的研究――形成・構造・変容』緑蔭書房、二〇〇四年、三～一三頁を参照されたい。

3　田村紀之の算出した推計値（「内務省警保局調査による朝鮮人人口」『経済と経済学』一九八一年二月～一九八

二年七月）から算出。

4　両都市の面積は、東京市『東京市統計書』一九三四年版、大阪市『大阪市統計書』一九三五年版、人口は一九三五年の国勢調査の数字を用いて算出。

5　大阪府警察部特別高等課『昭和八年度朝鮮人に関する統計表』一九三三年。

6　東京市『半島出身労働者集団地区調査』一九三九年。

7　外村『在日朝鮮人社会の歴史学的研究』五二頁参照。

8　広瀬勝「在阪朝鮮人と済州島」（『社会事業研究』一九二六年五月）は一九二五年時点で大阪府内の朝鮮人の約四割が済州島出身者と述べている。

9　内務省警保局『社会運動の状況』一九三九年版および「内鮮通婚に対する朝鮮人の動向」『特高月報』一九四〇年九月の数字をもとに算出。

10　大阪府学務部社会課『在阪朝鮮人の生活状態』一九三四年。

11　東京府学務部社会課『在京労働者の現状』一九三六年。

12　以上については外村大「一九三〇年代中期の在日朝鮮人運動――京阪神地域・『民衆時報』を中心に」『朝鮮史研究会論文集』第二八集、一九九一年三月を参照されたい。

13　外村『在日朝鮮人社会の歴史学的研究』一四九頁。

14　朝鮮日報社主催「京阪神朝鮮人問題座談会」（『朝鮮日報』一九三六年五月一日）での、李元道の発言。

15　「朝鮮料理界の覇者　春香房」『東亜日報』一九三八年八月二十七日。

16　外村大「戦前期日本における朝鮮料理業の展開」財団法人味の素食の文化センター研究助成論文、二〇〇三年。

17　外村「戦前期日本における朝鮮料理業の展開」。

18　「万里異域に朝鮮料理店　久しぶりに食べたキムチの味」（金乙漢署名記事）『朝鮮日報』一九二九年三月二十三日。

19　外村「戦前期日本における朝鮮料理業の展開」。
20　西村正雄「朝鮮観光を勧」『朝鮮』一九三八年七月。
21　『アサヒグラフ』一九三三年十一月八日付は「白衣と豚の頭が描く大阪の新名所「朝鮮市場」」としてこれを紹介している。
22　外村「戦前期日本における朝鮮料理業の展開」。
23　西村「朝鮮観光を勧」。
24　「白衣と豚の頭が描く大阪の新名所「朝鮮市場」」。グロ（グロテスク）というのは豚の頭が売られていることなどを指したものと考えられる。
25　「「朝鮮遊郭」に突如営業停止令」『大阪朝日新聞』一九三二年十二月二十二日。
26　「うめくさ」『特高月報』一九三六年十一月。
27　「鮮人劇団が朝鮮語で芝居」『大阪朝日新聞』一九二六年九月三日。
28　一九三九年一月六日付の『朝鮮日報』には大阪市東淀川区山口町に住所を置く「半島歌舞団」の広告が確認される。
29　「内鮮融和に音楽も一役」『大阪毎日新聞』一九三六年六月十七日。
30　以下、東京の朝鮮人演劇運動については、仁木愛子「一九二〇〜三〇年代の演劇運動」（『在日朝鮮人史研究』一九八三年九月）参照。なお、同論文によれば、一九二〇年代初め、東京の留学生たちが近代演劇の研究会を組織し朝鮮巡回公演をおこなっているが、その際にも日本人の協力があったとされる。
31　朝鮮語劇団が築地小劇場で公演をおこなった様子を伝えるプロット機関紙『演劇新聞』一九三二年一月一日付「東京で初めての朝鮮語の芝居」（実際にはそれ以前にも朝鮮語での演劇はおこなわれていたが、日本人にはあまり知られておらず、初めてと認識されたと思われる）は、観客の八〇％が「朝鮮兄弟」だったと述べている。つまり、二〇％程度は日本人だったことになる。

32 「朝鮮劇団出演の今里劇場」『大阪朝日新聞』一九三一年三月十七日、「三映社に新作朝鮮映画二篇」『キネマ旬報』一九三六年十月二十一日号など。

33 ただし、一九三〇年代半ば以降も含めて、映画の場合、トーキー以外の作品も少なくなかったことを考えれば、あるいは朝鮮の無声映画を日本語で説明し、日本人の観客が入るといったことも考えられる。

34 石井漠にモダンダンスを学び、朝鮮の伝統的要素を取り入れた舞踊を発表して人気を博し、女優としても活躍した。伝記に金賛汀『炎は闇の彼方に――伝説の舞姫・崔承喜』(日本放送出版協会、二〇〇二年)などがある。

35 少女時代に日本内地に渡り、松旭斎天勝一座に所属していたが、その後、独立し、裵亀子朝鮮劇団を率いて活躍した(ユ・ミニョン「新舞踊の開拓者、裵亀子とは誰か」宋壽男編『韓国近代舞踊人物史Ⅰ』現代美学社、ソウル、一九九九年)。女性ばかりの団員による「きらびやかなチマチョゴリの舞台は、竜宮城を連想させ」、ジャズやタップダンスも披露したものの「朝鮮民謡曲が多くアレンジされ、バラエティショーを中心的に演じたが、時には朝鮮哀話などを物語性のあるショー形式で見せ、一大人気を博した」といわれている(吉本興行株式会社『ヨシモト』復刻版の「解説」)。

36 朝鮮楽劇団については、孫牧人『他郷暮らし　孫牧人八〇年の人生賛歌』(竹書房、一九九二年)などに関連記述がある。

37 裵亀子「大阪公演記」『三千里』一九三二年十月。なお、「　」内は原文も日本語、それ以外は原文朝鮮語を外村訳。

38 古賀政男「アリランの唄――朝鮮民謡について」『改造』一九三二年十二月。

39 一九三六年の新興キネマ製作配給の「半島の舞姫」。

40 張赫宙「朝鮮の知識人に訴ふ」『文芸』一九三九年二月号。なお、張赫宙は、新協劇団のために「春香伝」の脚本を執筆している。

41 例えば、裵亀子は、朝鮮日報社大阪支局主催の朝鮮南部の水害救済を目的とするチャリティー慰安会に出演し

ている（「大阪水害救済映画舞大盛況」『朝鮮日報』一九三四年八月二十一日）。

42 金斗鎔「朝鮮芸術座の近況」『テアトロ』一九三六年五月。

43 「怪！　大阪警察当局朝鮮映画上映禁止」『東亜日報』一九三六年七月二十四日、および「三映社に新作朝鮮映画二篇」『キネマ旬報』一九三六年十月二十一日号。

44 内務省警保局『社会運動の状況』一九三九年版、九六一～九六二頁。

45 一九四三年二月に警察当局は朝鮮楽劇団の公演に際して日本語のみを使用するよう通達したとされている（岩村登志夫『在日朝鮮人と日本労働者階級』校倉書房、一九七二年、三〇一頁）。ただし、永井荷風『断腸亭日乗』（下巻、岩波文庫、一九八七年、一二七頁）によれば、すでに一九四一年時点の東京では、朝鮮語を用いた公演は警察当局から禁じられていたようである。

パリ地方の外国人
その社会的位置と都市圏の拡大

マリ＝クロード・ブラン＝シャレアール
中野隆生訳

ほかの多くの首都と同様に、パリは産業化の時代に大都市となり、数多くの移住者たちを吸引する「機械《マシーン》」と化した。[1] パリは地方出身の移住者を吸収する磁極としてフランスのなかで特異な位置を占め、そのことに早くから歴史家は関心を寄せてきた。[2] ところが、外国からの移住者を扱う「移民」史の研究は、ようやく一九八〇年代にはいってから発展してきた領域にすぎない。[3] この研究の進展とともに、とくに一八七〇〜七一年のドイツ・フランス戦争（普仏戦争）に続く第三共和政期以降、フランスの人口形成に外国出身者がいかに大きく寄与したかが知られるようになった。

古くからパリには外国人が居住していた。昔から一貫して、パリは、外国の才能や富、そして高貴な人びとを引きつけてきた。産業化の時代になると、大規模な移民によって国内の外国人が倍増し、この大衆的移民は、国内各地からの移住とともに、急成長中であったパリ都市圏の社会的・都市的なダイナミズム

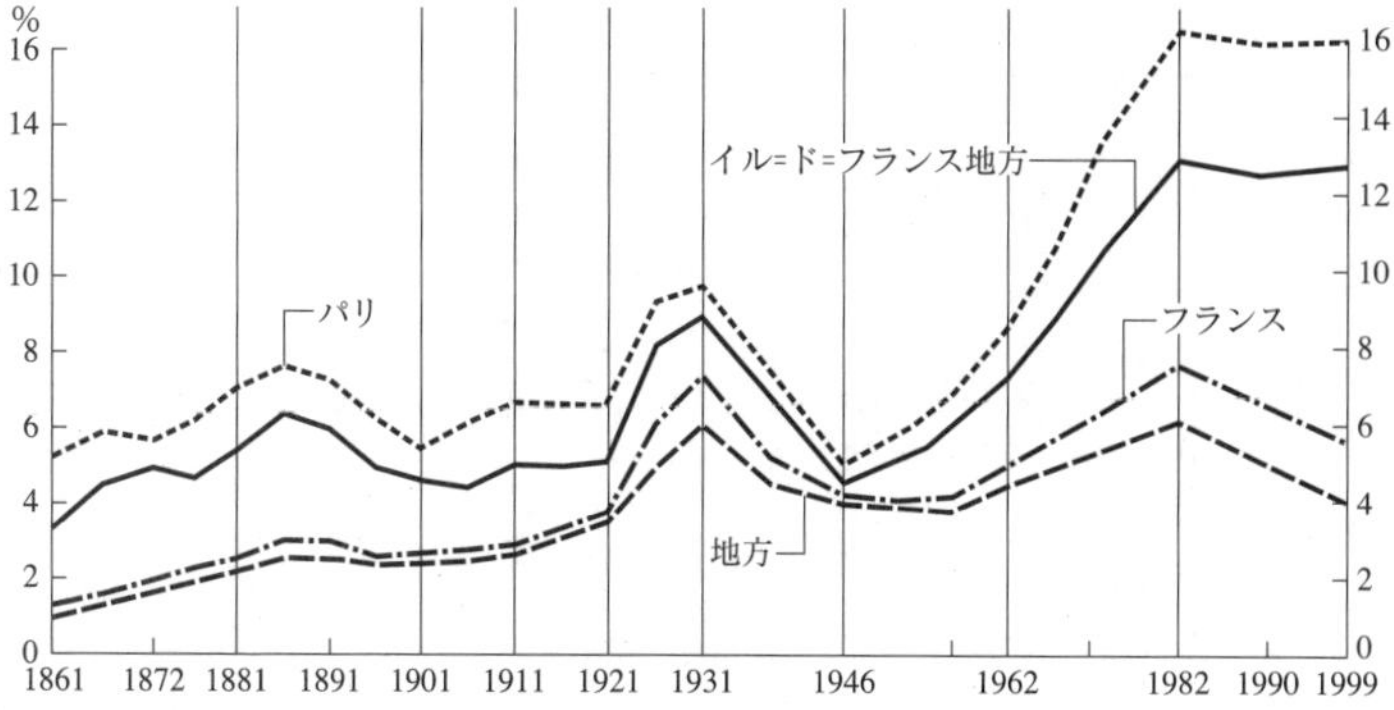

図1　人口に占める外国人の比率（1861～1999年）
[出典] D'après les recensements de la population.

にとって無視しがたい役割を担った。本稿で考察したいのは、こうした外国からの移民が一八七〇年から一九四〇年にいたる第三共和政のもとではたした役割である。この時期は、第一次世界大戦による断絶にもかかわらず、実質的に一つのまとまりをなしている。イル＝ド＝フランス地方（パリ地方）で二十世紀後半の大変動が生じた一九四五年からの「最近の歴史」と対比して、パリへの移民史における「過去」とみなされる時代なのである。[4]

二つの時期は、図1から、はっきり読み取れる。一八七〇～一九三九年の局面では増加と減少のサイクルが二度繰り返されている。最初のピークは一八八六年にあり、パリとその郊外を合わせた人口に占める外国人の割合は六％強にのぼった。より明確な二番目のピークが一九三一年に認められ、外国人の割合は九％に達している。これに対して、一九四六年からの増加はより急激かつ継続的であり、フランス国籍を得た者も含めれば、一九八二年にはイル＝ド＝フランス地方の人口の一五％近くが外国人によって占められるようになった。今日のパリ都市圏は、一四〇万人の外国人を擁する、すぐれてコスモポリタンな大都市として、全国の移民の四〇％近くを集めている。このように、一九四〇年以前のパリに生きた外国人は、それ以降と比べれば、人数的に少なく、研究も多くはない。しかし、それでも、かつてのパリの歴史のなかで重要な要素をなしたのである。

1 移住者の都、パリ

第三共和政期を貫く特徴は、第一に、外国からの移民と国内各地の移住者との関係にある。一九一四年より以前、外国人はパリ都市圏の全住民の五〜六％を占めるにすぎなかった。パリとセーヌ県郊外部では、人口の自然増はわずかでしかなく、人口増加の九〇％以上は国内各地からの移住に由来していた。ところが、一九二〇年代の大規模な流入で、外国人は新たな人口増加の二〇％以上を占めるにいたった。とはいえ、一九六二年の国勢調査まで、パリ地方における人口増加の周期は、国内諸地方からの移住者によってほぼ定まり、外国からの移民は周縁的な意味しかもたなかった。

第三共和政期を貫いていた第二の特徴として、国内各地からの移住者も外国人もほぼ同じようなかたちでパリにやって来たことがあげられる。ここでは、一九一四年まで、外国人の流入が完全に自由だったことを確認しておく必要がある。一九一五年からは労働契約の締結が義務づけられたが、一九二〇年代になっても、それが厳格に要求されたのは戦後復興地域と炭坑地帯への移住に限られていた。パリに外国人がやって来たのはほとんど個人的な選択の結果であり、フランスの首都の放つ魅力と結びついていた。

外国人移民がおもに国境地帯や工業地帯に集中していた十九世紀でさえ、パリ地方に居住する外国人の割合は他の地方を上回っていた。このことは、パリへ外国人が流入するさいの非常に多様な理由から説明することができる。

一八九六年における街区ごとの外国人の分布図から、パリに来る外国人の傾向の一つがみえてくる(図2)。つまり、住民中に占める外国人の比率がもっとも高いのはパリ西部の高級街区なのである。そこには外交官から世界的著名人にいたる裕福なエリートが住んでいた。加えて、たくさんの外国出身の家事奉公人(その多くは女性)が暮らしたが、当時、ドイツ人の住み込みの女性家庭教師《ガヴァネス》やスイス人の召使いの評判は極めて高かったのである。また、難民が多くてあまり裕福ではなかったが、外国人の芸術家もいて、芸術の都パリの名声をおおいに高めた。要するに、パリの外国人の社会的環境《ミリュー》は、移民を受け入れた他のいかなる地方にもない多様性を示していたのである。逆に、外国からの移住者とその子どもたちに対して、パリはさまざまなかたちで社会的に流動する可能性をもたらしたといってもよかろう。

とはいえ、国内各地からの移住者と同じように、外国人移民の大半は労働者として雇用された。一八九六年と一九二六年の二枚の地図から、この三〇年間における変化を検討することが可能である(図2)。一八九六年における外国人の分布は、とくにパリの中心部と東部の街区、そして労働者色の濃い郊外の市町村に集まってはいるが、ほとんどすべての街区に分散している。これに対し、一九二六年の地図からは、年をへるほどに郊外の比重が増したことがわかる。ただし、こうした概観では、パリの産業や移住者の大きな多様性が陰に隠れてしまうことに注意したい。最大多数を占めた非熟練のプロレタリアに、パリは、

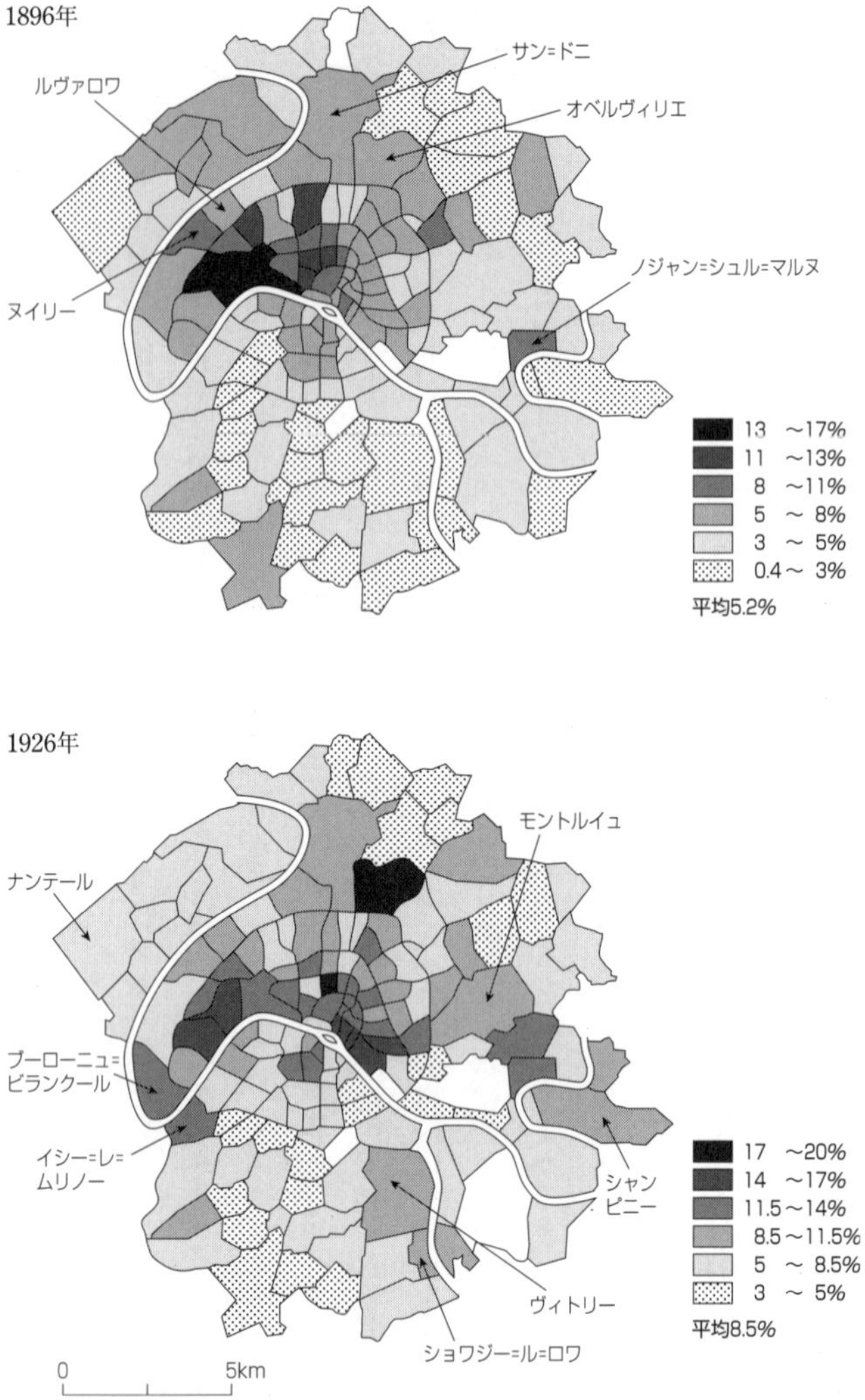

図2　パリ(街区ごと)とセーヌ県(市町村ごと)の人口に占める外国人の比率（1896, 1926年）

［出典］D'après les recensements de la population.

細々とした都市特有の生業（路上の職業やゾーン〈市壁内外の建設禁止地帯〉を拠点にする屑屋）から建設業に代表される幾多の過酷な肉体労働にいたる多種多様な職業を提供した。[5] セーヌ県知事オスマンの時代から、首都パリはつねに巨大な建設現場であったが、一八八〇年代以降は、郊外の市町村でも都市化が進行した。建設部門には、地方からの移住者のなかでもとくに多かったリムーザン出身者と並んで、数多くのベルギー人やイタリア人が日雇い労働者として雇用されていた。また、多くの工場でも外国人と地方出身者は労働者として一緒に働いたが、とりわけ北と東の近郊には最大規模の工場が増加した。サン＝ドニ（図2）では早くからベルギー人、イタリア人、スペイン人が雇用されていたが、それ以上に多かったのはブルターニュ出身者（ブルトン人）であった。[6] もっとも、大規模な工場と同じように、家内労働や作業場労働によるす無数の手工業的部門もパリの民衆に雇用を提供した。既製服、家具、鋳物、高級小物といった業種である。こうした伝統的構造の産業は極めて搾取度が高いが、同時に零細な商業と密接に繋がっている中継的な部門であり、自営をめざす移住者にとっては大切な役割をはたした。[7] 雇用主、労働者、職人、商人など、移住者のおかれた身分の多様性も、他の都市にはない、パリにおける民衆生活や街区での暮らしの特異な点であった。これによっていろいろな移民が引き寄せられ、そこにはフランドル出身の家具工、イタリア人の長靴製造工、ユダヤ人の仕立工といった優れた技量をもつ職人も含まれていた。[8]

しかしながら、パリはたんに雇用を提供するだけの地だったわけではない。外国人を引きつけた要因として、パリの神話的要素も一定の役割をはたした。第二帝政以来、歓楽の都とみなされてきたパリは、ヨーロッパを代表する近代的大都市の一つであり、また最初に電灯のともった「光の都」でもあった。さらに、一八三〇年以後、「自由の都」という政治的な神話が、ドイツ人、ポーランド人、イタリア人のナショナリスト、社会主義者をはじめ、ヨーロッパ全域から革命家や追放者を引きつけた。一八八一年からは、ポグロムの迫害を避けロシアから逃れてきたユダヤ人の一部がパリに定住することを選択したが、それはパリで一七九一年に、いち早くユダヤ人の解放が宣言されていたからである。第一次世界大戦の惨劇ののちには、独裁政権や政治的迫害の犠牲となった亡命者が身の安全と生き延びる術を求めてパリに到来した。[9] こうした難民の多くは、労働目的の大衆的な移民と同じく、倹しい庶民であった。[10]

パリの民衆地区に混じり合って住んだ外国人と国内出身の移住者は、はたして、同じ困難に直面したのだろうか。一九〇〇年以前には外国人と国内各地からの移住者が混同されることもまれではなかった。アルザス人とドイツ人のように、似通った方言を話す場合には、ことさらにそうであった。[11] けれども、外国人と国民の峻別はしだいにはっきりしたものになっていった。十九世紀末には、第三共和政によって強力に鼓舞され、国民的アイデンティティが明確なものになった。[12] その結果、労働者の世界では外国人嫌いの風潮が強まり、国外から来て競争相手となる労働者を攻撃する暴力行為が発生した。その一方で、ドイツに敵対的な共和派の言説が、単一のエスニシティに基づかない国民《ネイション》という考え方を強めようとした。「祖国の子どもたち」は、そもそもの出自がなんであれ、同一の共通した政治的プロジェクトのもとに結集するとされたのである。一八八九年の国籍法は、フランス領内で生まれた外国人の子どもにフランス国籍の取得を認め、また帰化を容易にした。[13] こうして開かれた法的同化への道は、共和国モデルが、共和国の祝祭や行進、記憶の共有《コメモラシオン》といったかたちで、もっとも明確に演出されるパリの文化的雰囲気と合致していた。

それは、坩堝《るつぼ》としてのパリの機能を強化するものであった。

2 一九一四年以前における坩堝としてのパリ

「坩堝」という見方は、多様な出自の人びとを統合して人口が再構成された一九一四年以前のパリに完璧なまでに適合している。一八七二年に一二万人であった外国人の人口は、一九一一年には二四万人となり倍増した。この頃もっとも多かったのはイタリア人であり、これにベルギー人が続いていた。ロシア帝国から来たユダヤ人を除けば、外国からの移民は近隣諸国の出身者で占められたのである。したがって、いまだ共和主義教育をほとんど受けていない国内各地の出身者と、同じように伝統的農村文化のなかで育ってきた外国人は、極めて社会的に似通っていた。ただ、外国人は地方出身者よりも流動的で不安定な状態におかれていた。外国人の多くは定住を望んでおらず、またプロレタリア世界の底辺に位置する彼らの立場は地方出身者よりも脆弱《ぜいじゃく》だったのである。

世紀末パリの外国人の生活には、書かれるべき暗黒面が残されている。職業統計によれば、「日雇い労働者」もしくは「肉体労働者」とされた外国人は数多く、パリ市内ならガス工場労働者、道路清掃人、ゾーンの屑屋、郊外では石切り場や化学工場の労働者など、人の嫌うありとあらゆる職業に従事していた。一九一二年にはサン゠ドニの新聞が地元のガラス工場でスペイン人の子どもたちが雇用されているというスキャンダルを告発した(図3)。外国人の住まいもそれ相応のものであった。工場の藁《わら》や作業場のおが屑のうえで寝ることのできない労働者は、ガルニと呼ばれた宿泊者をすし詰めにする汚らしい安宿やぼろぼろのあばら家に住んだ。袋小路の奥や市壁に近い都市化途上のフォブールにあった、にわかづくりの建物で暮らすことも珍しくなかった。一例として、シャロンヌ街区の写真を見ていただきたい(図4)。当時の社会観察者たちは、パリ市内や郊外の最貧地区を視察し、しばしば、そこに外国人が居住していることを見出した。彼らの生活は事故や病気に満ちており、おそろしく高い死亡率であったと想像できるが、こうした問題を扱った歴史研究はいまだ存在しない。

フランス人のプロレタリア(この時代は彼らにしてもほとんど保護されていない)よりも危うい外国人労働者の状況は、外国人嫌いの風潮によって、さらに悪化した。外国人は小さな景気の変動にも敏感であった。実際、一八八六年から世紀末にかけての大不況期には外国人の減少がみられた。警察文書には、労働組合が外国人労働者に対する抗議行動をおこない、そのなかで彼らに侮蔑的な呼び方をしたという指摘がたくさん含まれている。公共事業の現場での外国人雇用を制限した政令が最初に出されたのも、この時期のことである(一八九九年、ミルラン政令)。外国人嫌いは、さまざまなかたちをとりながら、とりわけ最貧の人びと、この頃ならイタリア人を標的にした。一八九四年のリヨンでイタリア人アナーキストのサンテ・カゼリオがフランス大統領を暗殺したときには、大勢のイタリア人がパリを離れた。リヨンや南仏で生じたようなイタリア人狩りがパリでも起きることを恐れたのである。だが、パリは平穏を保った。郊外の工事現場で何件かの小競り合いが発生したものの、それを除けば、民衆層における外国人嫌いが他の地方のように暴発することはなかった。これとは反対に、知識人レヴェルの外国人嫌いや反ユダヤ主義の風潮はど

PAUVRES PETITS !

Des exploiteurs cyniques
prennent des enfants espagnols pour les faire travailler

MALTRAITÉS, MAL NOURRIS, MAL SOIGNÉS, SOUVENT BLESSÉS,
ILS LANGUISSENT DE SCROFULE ET D'ANÉMIE

La justice intervient, arrête deux exploiteurs et renvoie vingt enfants en Espagne

LES PETITS VERRIERS DE SAINT-DENIS
que M. Guichard, chef de la Sûreté, a interrogés hier matin, et qui, légalement, devraient tous avoir au moins treize ans.
A droite : *le petit Alfonso Castillo, âgé de huit ans.*

図3　サン＝ドニのガラス工場で雇用されていたスペイン人の子どもたちに関する新聞記事
［出典］*Le Matin*, 9 nov. 1912, tiré de Natacha Lillo, *La petite Espagne de la Plaine Saint- Denis 1900–1980*, Paris, Autrement, 2004, p.43.

図4　シャロンヌ街区（パリ第20区），1880年頃のゾーンと労働者街区
［出典］Musée Carnavalet, PH00957, tiré de *Le XXe arrondissement. La montagne à Paris*, Paris, Action artistique de la ville de Paris, 1999, p.135.

こよりも活発であった(一八九八年、ドレフュス事件)。

こうした暗黒面はパリの外国人がおかれた状況のすべてではないから、この面だけをみていては、定住した外国人が比較的容易にパリ人になったことを説明できない。地図からわかるように、外国人のほとんど(八〇%以上)は市壁の内側に居住していた。たしかに外国人が密集して住む地域はあったが、どこもゲットーの様相を呈してはいなかった。国内各地からの移住者と同様に、多くの外国人は自らの出身地との関係を保ちながら、もともとの生活習慣を守り、同郷人の集まるカフェでお互いに顔を合わせた。時には、職業的な組織が同郷の繋がりをベースにして生まれた。パリという都市は、オヴェルニュ出身のカフェ経営者やリムーザン出身の石工と同じように、ソアーナ川流域(イタリアのピエモンテ地方)出身のガラス工、ドイツ人の服仕立工、ユダヤ人の帽子(カスケット帽)製造工に就労の機会を与えた。

とはいえ、パリの街区における生活は極めて雑多なものが混じり合って成立していた。パリ生まれの人びとが半都市的・半労働者的な文化を示して基調をつくり、それを誰もがすぐに受け入れた。生活条件は似通っており、とりわけ住居に関してはそうであった。労働者住宅の貧困はこの時代がかかえていた大問題であり、みすぼらしい家があてがわれたのは外国人だけではなかった。人口の密集状態は極まっていた。それゆえ、たくさんの人が通りに出て日々を送り、私的な空間と労働の場が区別されることなく日常の暮らしが営まれていた。酒場が多いことでもパリは有名であった。また同時に、人びとはみな社会的上昇の夢を分かちもっていた。すでに十九世紀末から、フォブール・サン゠タントワーヌの家具製造業では、単純作業員として新たに加わったイタリア人のほかにも、数多くの外国生まれの職人、そしてベルギー人や

図 5　イタリア人家具職人ルイージ・ボッツァが経営する作業場（パリ第 20 区，1900 年頃）
［出典］ Collection privée.

図 6　パリのユダヤ人街区マレにおけるユダヤ人経営の書店（1900年頃）
［出典］ Lapi-Viollet（Agence photo）, tiré de André Kaspi et Antoine Manes, *Le Paris des étrangers*, Paris, Imprimerie nationale, 1989, p.110.

ドイツ人の小経営者が働き、生計を立てていた。この頃、外国の職人や商人が定住することに、いかなる法的制限もなかったのである[14]。こうして、ベル・エポックの繁栄とともに、多数の外国人が定着して仕事につき、首都の経済のなかに完全に組み込まれた。家具製造の手工業では、ドイツ人、ベルギー人、イタリア人が経営者となった(図5)。移民コミュニティの商業は広く一般向けに門戸を開き、「フランス的」側面を誇示した。図6にみられるユダヤ人経営の書店が好例である。こうした多様な要素が混じり合うことで、一つの共通した都市文化が形成された。例えば、一九〇〇年頃にフォブール・サン゠タントワーヌのダンスホールで、都市的にして労働者的な音楽が誕生し、しだいにパリそのものを体現する音楽になっていった。これが、オヴェルニュ地方の楽器ミュゼットとイタリアのアコーデオンが融合することで生まれたミュゼット・ワルツである[15]。

いくつかの郊外の市町村では、さらに住み分けがはっきりしていた。同じ村や同じ地方の出身者が再集して生きる閉鎖的な領域《テリトワール》がしばしば認められたのである。例えば、プレーヌ・サン゠ドニのスペイン人やノジャン゠シュル゠マルヌのイタリア人の例をあげることができる[16](図7)。ノジャンでは一九一四年以前のパリ地方でもっとも極端な住み分けの形態が確認でき、イタリア人コミュニティの住民の七〇%が同じ村の出身であった。職員層やブルジョワの町ノジャンで、男たちは石工をなりわいとし、女たちは洗濯女として働いていた。たいていは袋小路やかつて農家だった古家に住み、全員が中心街に暮らした。ところが、中心街の住民の過半はなおフランス人に占められたままであり、市場から教会にいたる都心の機能も維持されていた。イタリア人たちは、ノジャンの都市化に不可欠の開発事業やフランス生まれの子ども

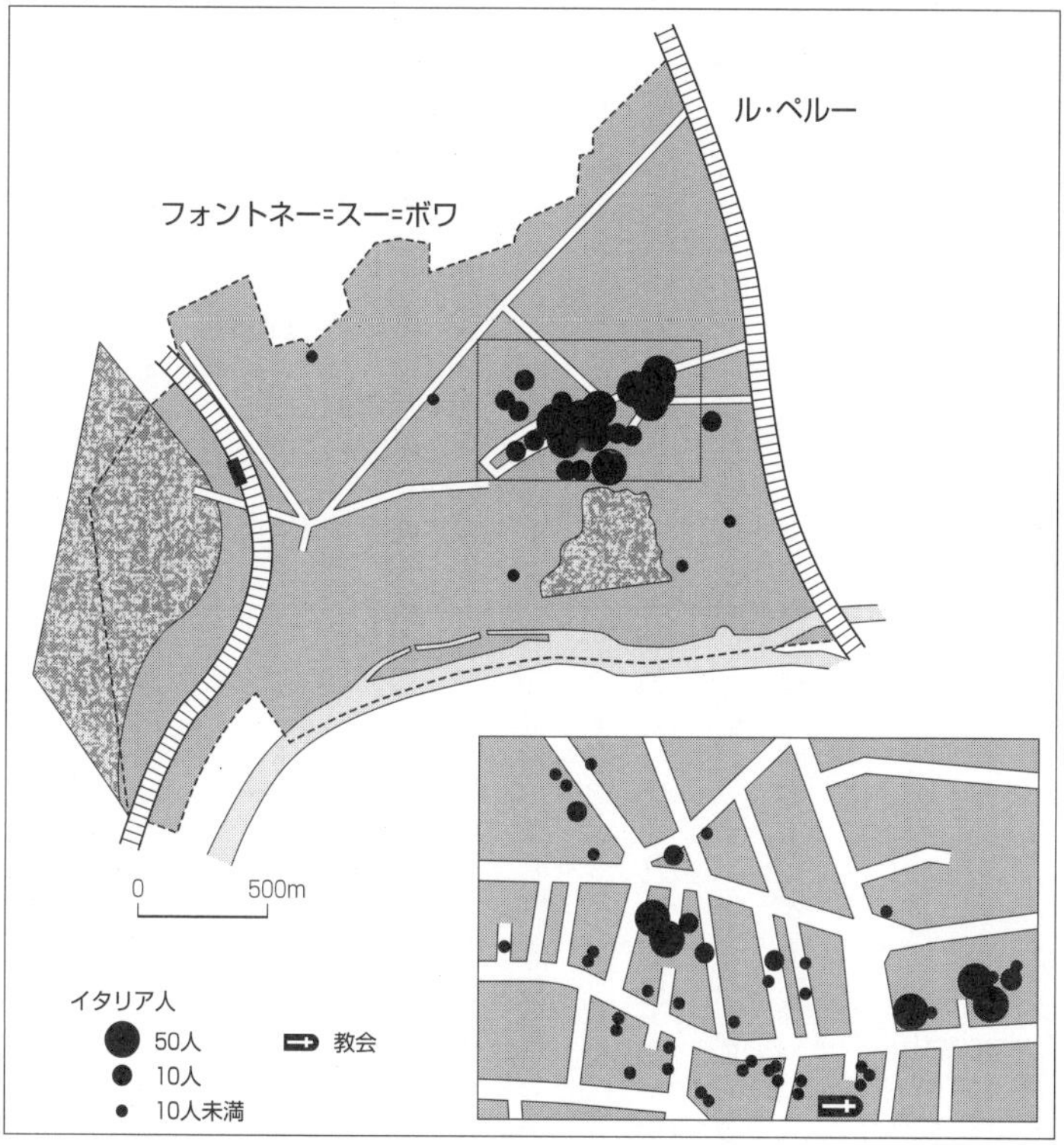

図7　ノジャン＝シュル＝マルヌのイタリア人(1911年)
［出典］ D'après les listes nominatives du recensement de la population de 1911.

の就学を媒介にして、徐々に地域社会に根をおろしていった。

このように、第一次世界大戦前夜において、外国人移民は極めて流動的な現象であると同時に、経済的・社会的な日常に組み込まれた現実だったのである。

3 郊外の時代

パリ都市圏の歴史において、両大戦間期ははじめて郊外の重要性が高まった時代であるということができる。[17] 第一次世界大戦を契機に数多くの軍需工場が集中的に叢生し、パリ周辺の市町村は前例のない飛躍を遂げた。一九二〇年代の当初から、都市の新たな危機を背景としつつ、人口増加の波がセーヌ県の境界を超えてセーヌ＝エ＝オワーズ県の一部にまでおよんだ。時まさに宅地分譲開発の渦中にあり、いまや市壁が撤去されたパリの外側に「欠陥分譲宅地」のバラックからなる民衆の住まいが出現した。このバラックが、都市パリをめぐる政治論議においては、第一次世界大戦前の労働者が居住したあばら家に取って代わる争点をなした。また、パリの郊外が社会的要求の牙城となって「赤い郊外」と呼ばれたのも、この両大戦間期のことであった。

パリ地方は戦後再建の対象地域ではなかったが、一九二〇年代における移民の落ち着き先として特権的な位置を占めた。戦前からすでに存在していた移民コミュニティはめざましい勢いで拡大した。イタリア人は一九三一年に都市圏全体で一五万人以上を数え、スペイン人はプレーヌ・サン＝ドニだけで四〇〇〇

図8　ルノー自動車工場の外国人労働者(ブーローニュ＝ビランクール，1920年)
［出典］Viollet/Harlingue(Agence photo).

人を超える巨大なコロニーを形成していた。それまで目にしなかった国の人びとも数多く移り住んだが、その多くはヨーロッパの辺境から来たロシア人、アルメニア人、ギリシア人、ポーランドやバルカン半島のユダヤ人といった難民であった。また、戦時の大混乱や両大戦間期の困難な時代を背景にして、イタリア人の反ファシスト、ドイツやオーストリアのユダヤ人といった政治移民が増加した。さらに、第一次世界大戦がもたらした遺産として、植民地出身の労働者たちが到来し、ことに郊外で工場労働者として働いた(図8)。

国勢調査によれば、セーヌ県に四五万人近くの外国人が住んでいた一九三一年、外国人居住地としてのパリの比重は第一次世界大戦前よりも低下し、パリの外国人はセーヌ県の外国人の七〇％を占めるにとどまった。セーヌ＝エ＝オワーズ県を含めれば、その比率は五〇％を占めるまで落ち込む。とくに労働者色の濃い集団は郊外に住まいを求めた。やはり一九三一年の国勢調査に従ってイタリア人を数えれば、パリには四万人、郊外には一〇万人以上が居住していた。スペイン人も同様に郊外に住む傾向が強かった。フランス人と外国人のいずれにも郊外へと向かう共通の動きが認められたのである。

これらの外国人は、かつてよりも「奇妙な」存在であった。また、人数が増えたこともあって、以前より目立つかたちでコロニーが形成され、そこでは高度に共同体的な生活が営まれた。しだいに読者層を拡大していた極右系の新聞は、これを「バベルの塔」と呼んで非難した。理解不能な言語が話され、世界中の政治的破壊分子を迎え入れているというのだった。

相対的に近しいはずの外国人についてさえ、フランス人との区別は顕著なものになった。すでにふれたプレーヌ・サン゠ドニの巨大なスペイン人コロニー、「リトル・スペイン」では、日常生活がスペイン礼拝堂を中心に組織されていた。[18]フォブール・サン゠タントワーヌではイタリア人が三倍に増加して、商業や家具産業の一部を支配するようになっていた。このため、イタリア人だけで生活することが可能となり、その結果、一九三二年にはイタリア教会がここに宣教団の拠点をおいた。また、社会的な距離が拡大した。住民の労働者色が薄れたパリでは、ことさらにそうであった。フォブール・サン゠タントワーヌのフランス人のあいだでは職人的労働者が減少し、事務員や官吏の割合が増加した(一九一四年に六五%を占めていた労働者が一九三〇年には四五%になった)。

新しく生まれた郊外の空間は、外国人が自分たちだけの小さな領域《テリトワール》を形成するのに好都合であり、そこでは苦難の歴史を歩んできた人びとが故郷喪失の痛みを癒すことができた。最良の例が、アルフォルヴィルの洪水に見舞われやすい島に定着して生活の場を再建したアルメニア人たちである[19](図9)。これほどまでに際立ってはいないが、外国人が自力でバラックを建ててつくったミクロな領域《テリトワール》が無数に誕生し、それがゾーンや郊外の人口を増大させることになった。もちろん、外国人がちゃんとした分譲宅地を購入することもあり、その場合には、郊外の他の家とかなり類似の多少なりとも立派な「家《ヴィラ》」が建てられたのだった。

というのは、外国人とフランス人のあいだに距離があったとしても、それを乗り越えて、第一次世界大戦以前と比べて遜色ない社会的活力が働いていたからである。外国人の家族は、一九一四年以前よりも増

図9　アルフォルヴィルの島に建てられたアルメニア人のバラック（1936年）

［出典］Martine Hovanessian, *Les Arméniens et leurs territoires,* Paris, Autrement, 1995, p.72.

加して、人口の再生産に寄与した。学校から労働の場にいたるまでフランス人の若者と生活をともにする外国人の若者がいたことで、外国人コミュニティのフランス社会への統合は促された。また、一九二七年法は帰化を容易にした。イタリア人とポーランド人の国籍を超えた通婚を扱った一九四六年の研究によれば、国籍の異なる者同士の婚姻は、工業地帯や農村地帯よりもパリ地方において、はるかに頻繁であった。若者がパリの街区や郊外の市町村にアイデンティティを感じるうえで、余暇の発展(スポーツをしたり、映画やダンスに仲間と一緒に出かけたりすること)や、この時代に極めて特徴的な事態である政治活動への参加が大きな役割をはたした。共産主義運動の展開と反ファシズムの闘争が華々しく大衆的動員を繰り広げ、ことに人民戦線やスペイン内戦のときにはフランス人と外国人の固い結束が実現した。ベルヴィルをはじめ、パリのなかにもさまざまな潮流の活動家が融合し合う街区があったものの、そうした傾向は、むしろ郊外の自治体において、際立ったかたちで認められた。一九三五年の選挙で共産党が多くの自治体を掌握し、社会的プロジェクトを体系的に推進したが、そこでは、外国人に対する配慮も忘れられてはいなかった。例えば、モントルイユ、サン゠ドニ、ナンテールでは、失業者への支援が実施され、子ども向けに無料の林間学校や臨海学校、祭りのためには集会場が準備された。欠陥分譲宅地の住民の怒りを背景にして、共産党がしばしば成功をおさめたが、そこでも外国人が関与していた[20](図10)。

このようにして、外国人たちは両大戦間期の郊外における民衆的な高揚にも参画した。かつて粗末に造成されていた彼らの土地は徐々に市町村の整備事業の対象とされ、一九五〇年代には多少なりとも改善された木造住宅へも上水道がひかれた。少なくとも、激しい外国人嫌いの嵐と戦争を生き延びた人びとに

図10　モントルイユのイタリア人が経営するカフェで催された共産党の祭り（1930年代）
［出典］Collection du Musée de l'historire vivante de Montreuil.

とっては、そうであった。

大恐慌にもまして、一九三〇年代の危機と第二次世界大戦が負の効果をもたらし、帰化者を別にして、外国人の人口は四分の一も減少した。まず、雇用をめぐる状況が困難であった。一九三二年からは工業部門での雇用が減退し、一九三五年には職人や商人としての開業の自由を制限する法が制定された。一九三〇年代にはいるとすぐに、外国人の帰国が始まった。外国人嫌いの風潮ゆえの暴力も、離仏の可能な人びとに帰国を促し、一九三九年九月における第二次世界大戦の勃発がこの流れを加速した。このことはイタリア人についてもあてはまるが、ヴィシー政権(一九四〇～一九四四年)が中心的担い手の一つとなった反ユダヤ主義の犠牲者であるユダヤ人の場合、とくに、そのようにいうことができる。フランス警察が、一九四二年七月の「競輪場事件《ヴェル・ディヴ》」をはじめ、ユダヤ人の一斉検挙のさいに、ドイツ軍の占領当局と協力したことはよく知られている。パリとその郊外におけるユダヤ人の四分の一、とりわけ外国籍の人びとが強制収容所送りとなった。しかしながら、ユダヤ人やそれ以外の外国人青年はレジスタンスやパリ解放において重要な役割をはたしたのである。もっとも、その貢献が顕彰されるまでには長い時間の経過が必要だったけれども。

こうした極端なまでの外国人排斥は国民的な拒絶をあらわしているが、必ずしも都市ゆえの現象というわけではない。資料がないために詳細な研究は不可能だが、一九三六年から四六年までの時期は、フランス人にとっても外国人にとっても、都市空間が再構成される段階であったように思われる。そのため、イタリア人の多いパリの街区のなかで、イタリア人の集団的な移住がおこなわれ、これと並行して、多くのイタリア人がフランス国籍を取得した(イタリアからの移住者の帰化と、フランス人として生まれた子どもが成人したことによる国籍取得)。戦後再建に続く経済の急成長で、イタリア人のフランス社会への同化はかつてないほど確固とした社会的現実になっていた。第一期の社会住宅(低家賃住宅ＨＬＭ)の大量建設が完了する以前から、建築技術を身につけたイタリア人たちの手で無数の戸建て住宅が建てられ、すでに郊外の市町村を覆いつくしていたのである。

パリ社会の現代史において、外国人は固有の位置を占めてきた。都市経済に貢献しただけではなく、パリという都市の創出やその文化に参画してきた。外国人嫌いの暴風にさらされ、フランス人よりもはるかに危うい状態にあったにもかかわらず、フランス人の民衆層と歩みをともにしつつ、数多くの外国人が完全なるパリ人となった。しかし、一九六〇年代以降になると、まったく異なる新たな状況が生まれてきた。まず、国内各地からの移住者が激減する一方で、外国人移民が極めて急激に増加した。ついで、この頃から「移民」と呼ばれ始めた人びとが都市や住宅において問題を投げかけるようになり、この点は、一九六〇年代のスラムから一九八〇年代の「敏感な街区」にいたるまで変わらなかった。現在では、都市の危機とはすなわち「移民」が存在するがゆえの危機であるとみなされている(もっとも、「移民」という日常的に流布する表現は、彼らの多くがフランス生まれであることからして誤りである)。これに対して、十九世紀や両大戦間期において、都市の危機とは民衆住宅の全体にかかわる危機であって、とくに外国人が問題にされたわけではなかったのである。

1 フランスで「現代史」histoire contemporaine といえば、ナポレオン帝国の終焉(一八一五年)から今日までを指すことを想起してほしい。産業革命と同様に、移民の歴史はこの現代史に属している。

2 地方からの移住に関する文献は膨大である。このテーマについての総括としては、*Ethnologie française*, X, 1980 の "Les Migrations provinciales à Paris" (地方からパリへの移住)特集号を参照。最新の研究に、Jean-Claude Farcy et Alain Faure, *La mobilité d'une génération de Français*, Paris, INED, 2003 がある。

3 総合的著作として以下のものがある。Gérard Noiriel, *Le Creuset français. Histoire de l'immigration*, XIXe–XXe *siècle*, Paris, Seuil, 1988; Ralph Schor, *Histoire de l'immigration en France de la fin du XIXe siècle à nos jours*, Paris, Armand Colin, 1997; Marie-Claude Blanc-Chaléard, *Histoire de l'immigration*, Paris, La Découverte, 2001.

4 長期間を扱った研究として、Marie-Claude Blanc-Chaléard, "Étrangers et immigrés en région parisienne XIXe-XXe siècle", *Historiens et géographes*, no.384, oct.-nov. 2003, p.267–285 を参照。

5 「建築禁止」(non aedificandi)のゾーンとはパリを囲む市壁の内側と外側に設けられた建築の許されない空間のことであり、早い段階からバラックで埋めつくされた。「ゾーン」という言葉は、こうした環状のスラムを指し示すために用いられた。

6 Jean-Paul Brunet, *Saint-Denis la ville rouge 1890–1939. Socialisme et communisme en banlieue ouvrière*, Paris, Hachette, 1980.

7 Alain Faure, "Petit atelier et modernisme économique: la production en miette au XIXe siècle", *Histoire, économie et société*, 1986, no. 4, p.531–557.

8 Marie-Claude Blanc-Chaléard, *Les Italiens dans l'Est parisien* (*années 1880–1960*). *Une histoire d'intégration*, Rome, École française de Rome, 2000.

9 Ralph Schor, "Le Paris des Libertés", in Antoine Marès et Pierre Milza (dir.), *Le Paris des étrangers après 1945*, Paris, Publications de la Sorbonne, 1994.

10 十九世紀には亡命権がまだ存在しなかった。ロシア系ユダヤ人の事例が示すように、経済移民と難民を区別することはできない。Nancy Green, *Les travailleurs immigrés juifs à la Belle Époque*, Paris, Fayard, 1985を参照のこと。一九二〇年には、ロシア人とアルメニア人が国際連盟の保護(ナンセン・パスポート)を受けたが、他の人びとと同じように徴用された。

11 一八七一年にドイツがアルザスとモーゼルを併合したのち、フランス国籍を回復するために極めて多くの亡命者がパリに到来した。

12 Noiriel, *Le Creuset français*……, Chap. 2.

13 Patrick Weil, *Qu'est-ce qu'un Français? Histoire de la nationalité depuis la Révolution*, Paris, Grasset, 2002.

14 外国人管理措置(一八九八年)やミルラン政令(一八九九年)によって外国人労働者を雇用する自由は制限されたが、商人や職人となることについては、一九三五年まで自由なままであった。

15 ミュゼット・ワルツの歴史は別稿で詳述した。Marie-Claude Blanc-Chaléard, “Les trois temps du bal musette ou la place des étrangers” , in Jean-Locus Robert et Danielle Tartakowsky（dir.）, *Paris le peuple XVIIIe–XXe siècle*, Paris, Publications de la Sorbonne, 1999. p.77–90 を参照。

16 Pierre Milza et Marie-Claude Blanc-Chaléard, *Le Nogent des Italiens*, Paris, Autrement, 1995.

17 Annie Fourcaut, *Bobigny, banlieue rouge*, Paris, FNSP et Editions Ouvrières, 1986; do., *La banlieue en morceaux*, Grâne, Créaphis, 2000.

18 Natacha Lillo, *La petite Espagne de la Plaine Saint-Denis 1900–1980*, Paris, Autrement, 143, 2004.

19 Martine Hovanessian, *Les Arméniens et leurs territoires*, Paris, Autrement, 1995.

20 Blanc-Chaléard, *Les Italiens dan l’Est parisien……*, Chaps. 6 et 7.

パリの外国人空間、過去と現在

民衆の街区から多様なエスニシティの街区へ

マリ＝クロード・ブラン＝シャレアール

西岡芳彦訳

前稿（パリ地方の外国人）のグラフ（一七五ページ図1）が示すように、十九世紀になると大規模な移民の流入によってパリにおける外国人の存在の意味は変化した。[1] パリへの移民の流入はフランス全土への移民の流入よりも速いリズムで、いくつかの局面をへて大きくなっていった。長いあいだパリの外国人は、パリっ子のみならず多数の地方出身のフランス人と混在していた。これらの異なった三つの構成要素のあいだで生活はどのように営まれていたのだろうか。パリの社会が大きな変容を遂げた十九世紀後半に、外国人の出身地は世界規模に拡大し、また外国人の数も未曾有《みぞう》の増加を呈する。現在のパリとその郊外における外国人の占める割合はかつてないほど大きく、イル＝ド＝フランス地方の人口の一六％に達している。これらの変化の帰結とはいかなるものなのであろうか。これらの問題に答えるためにわれわれは、パリ市内に限定して「ミクロ」のレヴェル、つまりパリの基本的な生活単位である街区のレヴェルで研究することを選択した。われわれが具体例としてとりあげるのはフォブール・サン゠タントワーヌとベルヴィルであるが、それらはともに「パリ民衆」と称される世界をもっともよく代表している。そこでまず、全体的な見地からパリにおける外国人の比率の変化を考察し、また「民衆の街区」と「多様なエスニシティの街区」が意味することはなんなのかを明確にする。そしてつぎに、十九世紀から一九五〇年代にかけてのフォブール・サン゠タントワーヌの事例をとりあげながらパリの街区の過去を考察し、さらにベルヴィルの事例をとりあげながら最近の姿(一九九〇年代)を考察する。

1　外国人とパリの諸街区　データと定義

グラフ化した全体的な傾向から以下の三点を確認しておこう(前稿、一七五ページ図1参照)。まず第一点は、パリ都市圏における外国人の人数の変動にはいくつかの周期が認められるものの全体的には上昇カーヴを描いていることである。各周期の頂点は先行する周期の頂点よりも非常に高い(一八八六年、一九三一年、一九八二年)。このような傾向により、単純に人数が増加した結果、外国人の存在はますます可視的になっていく。この現象はすでに両大戦間期において顕著であり、イタリア人の集住するコミュニティ、中央ヨーロッパないしレヴァント地方出身のユダヤ人の集住するコミュニティ、アルメニア人の集住するコミュニティを、パリの市内やゾーン(前稿、註5参照)や郊外に確認することができる。しかしながら当時の外国人の人数は現在の人数とは比べものにならない。現在ではイル゠ド゠フランス地方の外国人は一三〇万人に達しており、そのうち約四分の一がパリに住んでいるが、両大戦間期のパリとセーヌ県郊外部に住む外国人は四五万人にすぎず、人口全体の一〇%にも満たない。

第二点は、パリ市の占める割合が低下し続けたことである。一九〇〇年頃は八〇%だったが、一九三一年には五〇%に低下し、一九九九年には二三・五%になった。数十年前から「移民」と「郊外」とが結びつけられるようになっている。[2] しかし、首都では依然として移民の人数は多く、グラフが示しているように外国人の密度も高い。郊外の外国人の密度よりもパリのそれはつねに高いのである。したがって、パリ市内とその移民の街区に焦点をあてた長期にわたる研究はおおいに意味があるのである。

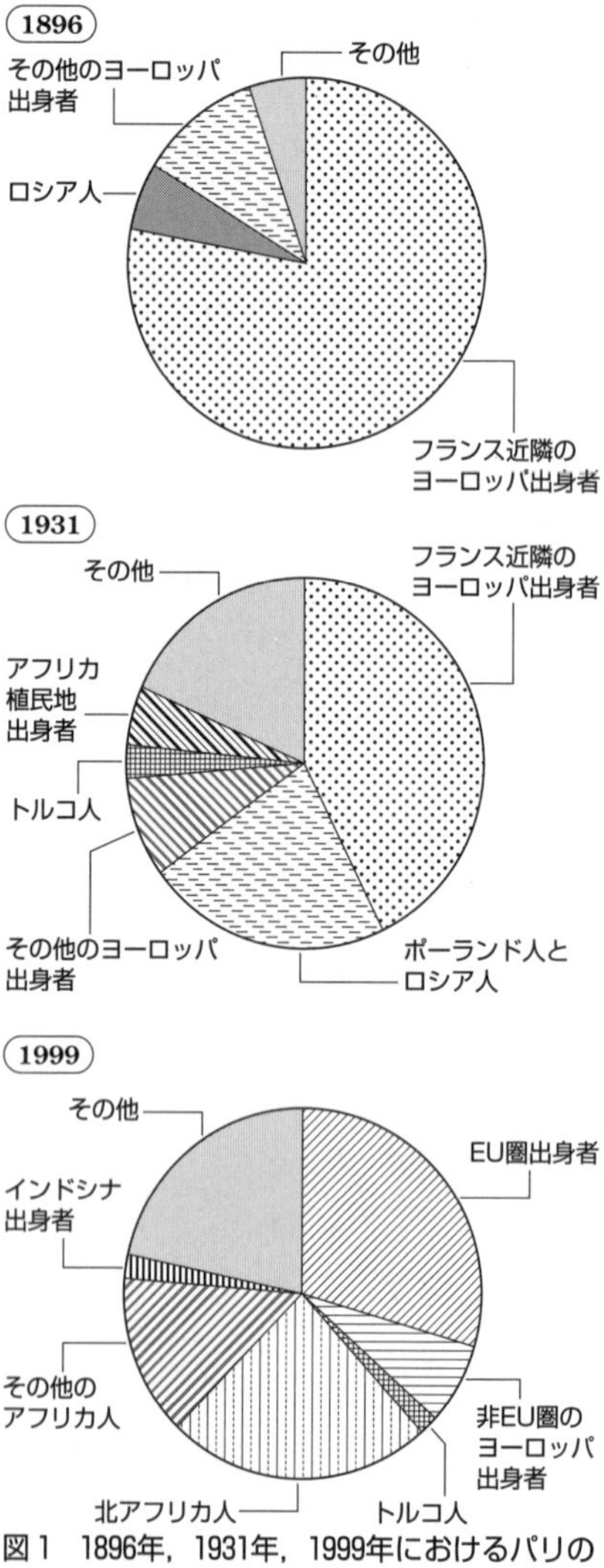

図1　1896年，1931年，1999年におけるパリの外国人の出身地

［出典］D'après les recensements de la population.

最後に第三点は、ますます増え続ける外国人がしだいに非ヨーロッパ出身者になっていることである。それだけに外国人の存在はいっそう目立つ存在になっているのだ。出身地を比較すると(図1参照)、十九世紀末では主要な出身地がフランス近隣の国々だったことがわかる(ベルギー人、イタリア人、ドイツ人、スイス人)。両大戦間期の一九三一年になると、外国人の出身地域はよりフランスから離れたヨーロッパ(ロシア、ポーランド、バルカン半島)に拡大し、さらに北アフリカの植民地から大量の労働者がやってきた。一九四五年以降大挙してやってきた旧植民地出身の人びとが、今日では多数派となっている。他方、EU(二〇〇四年のEU拡大以前)圏出身の人びとは三分の一以下になっている。アルジェリア人がもっとも人数が多く、他のマグレブ諸国、すなわちチュニジア人とモロッコ人がそれに続いた。一九七五年を過ぎると出身地域はフランスからいっそう遠方になる(インドシナ半島出身のアジア人、中国人、フランス語圏サハラ以南アフリカ出身のアフリカ人、多様な国籍の亡命者)。

ロワシー(シャルル・ド・ゴール)空港はこれらの移民すべての「船着場」となっている。彼らはほとんどの場合パリ地方、とりわけパリ市内の街区に身を落ち着ける。そこでは、かなり容易に、仮の宿、同郷人や諸団体の支援を見出すことが可能だからだ。仕事を見つけることもできる。移民抑制の方向に向かっている現在では非合法とされてしまう仕事だが。したがって、パリはフランスでもっとも多様な移民が住んでいる場だといえるのである。この多様性に気づくには、パリの地下鉄にちょっと乗ってみるだけで充分である。この多様性が、ベルヴィル(第二〇区)やグット・ドール(第一八区)といったいくつかの街区に集中してみられることは明白である。

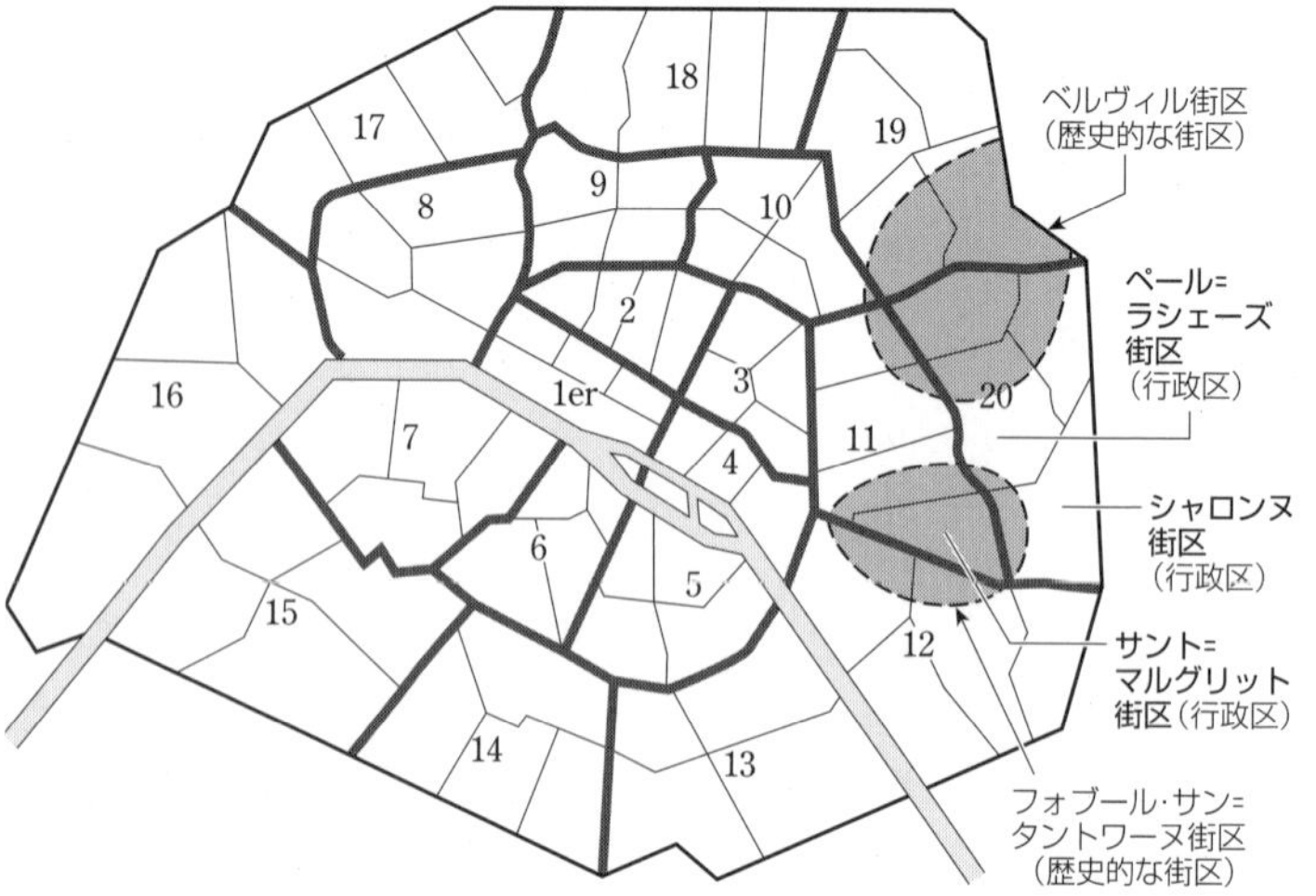

図２　フォブール・サン＝タントワーヌとベルヴィル，パリの街区
著者作成。

「街区《カルティエ》」という言葉は、パリにおいては複数の実体を指し示している。まず、それは行政区分を指す。この区分はパリが現在の広さに拡大された一八六〇年に遡る。一つの区は四つの街区から構成されているから、パリの二〇の区は八〇の街区に分割することができる。この行政的な街区が歴史研究の枠組みとなる。なぜなら、これがさまざまな調査やその他の史料の枠組みだからだ。しかしこれは、住民にとってはほとんどなんの意味ももたない。住民は自分たちが日常生活を過ごすいくつかの通りと広場を「街区《カルティエ》」と呼び慣わしている。場合によっては、住民が実感している街区が、一八六〇年以前の過去に遡る歴史的な実体に関係することがある。本稿でとりあげる二つの街区、すなわちフォブール・サン＝タントワーヌとベルヴィルがその事例である（図２のアミ版で示されている部分が住民の実感する街区の領域である）。

民衆街区という観念は、オスマンによる都市改造後のパリの歴史のなかにも定着している。一八六〇年にパリの行政区域が拡大し、都市改造が進行した結果、パリの新しい行政区域のなかに、社会空間に関する新たな見方が生まれた。社会を観察し分析する人びとが、「ブルジョワ街区」と「民衆街区」の対立を指摘するにいたったのである。[3] それ以来、歴史研究が進み、「階級闘争」という言葉が口にのぼっていた頃に人びとが思っていたほど、この対立は決定的ではなかったことが判明し、とりわけ、パリ東部に集中していたパリ民衆を「労働者階級」に還元することはできないことがわかった。「パリ民衆」とはむしろさまざまな社会身分の混合体なのである。労働者とは職人や商人と近い身分であり、ある身分から他の身分に移ることが可能であって、例えば、熟練職人は独立して店を構えることを夢見ていた。[4] このような定義が、ここでとりあげる二つの街区、すなわちフォブール・サン＝タントワーヌとベルヴィルにあてはまる。

さらにパリ民衆のもう一つの特徴である「革命を担う民衆」という政治的な側面を付け加えたほうがいいだろう。この問題の専門家であるルイ・シュヴァリエは、パリっ子が自由や異議申し立ての使命感に対していだいている独特な嗜好を強調している。[5] 一七八九年革命の中心的な街区であったフォブール・サン＝タントワーヌとパリ・コミューンの中心的な街区であったベルヴィルは、こうした民衆の過去をもっともよく代表していると思われる。これらの民衆街区が数多くの地方出身者や外国人の移民労働者を受け入れたのは当然のことであった。

「多様なエスニシティの街区」という表現は現代用語であり、まったく異なった現実に対応している。

ここでは街区のアイデンティティが、歴史的な民衆ではなく、近年の移民に由来する多様な出身地を中核として形成される。フランスではこの表現に関して見解の統一はない。近年になって民衆階層のイメージを変えてしまったほどの文化の多様性をどう解釈すべきかという難問をかかえることになったからである。一方で、民族性《エスニシティ》というテーマは、とりわけ植民地時代の過去を想起させ、「民族《エトニ》」という言葉が、国民の前段階にある未開の人びとを指すのに用いられた。他方では、さまざまなコミュニティ間に数多くの差異が顕在化するという新しい現実をどう呼ぶべきか困難になっている。これらの現実を考慮に入れるために、フランス人の研究者たちは、アングロ＝サクソンの研究者に続いて、「エスニシティ」や「エスニシゼイション」（エスニシティ化）のような用語をだんだん使うようになった。

これらの用語はパリの諸街区における三つの社会の変化すなわち、(1)非ヨーロッパ出身者の占める新しい位置、(2)彼らの文化的差異が顕在化したかたちで保持されていること（差異の保持がしばしば要求される）、(3)社会的な差異において出身地が重要な役割をはたすようになったこと（「エスニシゼイション」）を指し示している。現在のベルヴィルでこれらの三つの特徴が再び見出されるであろう。さらにベルヴィルは、数多くのコミュニティの出会う交差点であるという第四の特徴を示し、「多様なエスニシティの」との形容に論拠を与える。他の諸街区はベルヴィルよりも均質的である。例えばショワジー（第一三区）はアジア人の街区であり、グット・ドールはマグレブ人の街区である。地図（図3）は、「エスニックな」パリ、つまり「非EU圏出身の」外国人の分布を示している。今日の統計は彼らを「EU圏出身者」（投票権をもっているEU圏出身者）と区別しているのである。ブルジョワ街区と民衆街区が対立していた十九世紀の地理にとってかわって、パリの北東四分の一が残りのパリに対立するという新しい地理的状況が出現している。ベルヴィルのようないくつかの街区には長く民衆的であり続けるだろうと予感させるものがあり、この点で十九世紀の地理と現在の地理には類似点がある。しかし、パリの住民のうちでもっとも恵まれない階層を構成する外国人が、パリの北部や東部の区のさまざまな一角に集住していることは、今日では極めて明瞭で

図3　1999年のパリにおけるEU圏出身の外国人と非EU圏出身の外国人

［出典］Atelier parisien d’urbanisme, “La population étrangère à Paris”, *Note de 4 pages*, no. 7, janv. 2003, p. 3.

ある(ショワジー街区は例外である)。

2　民衆街区における外国人

かつて「サン＝キュロット」の街区であったフォブール・サン＝タントワーヌは十九世紀には大きな雇用創出の場であり続けた。当時それは作業場の街区と呼べる地域であった。

主要な産業は家具製造業であり、それは名声を博した。この地域はもっとも人口が過密な街区の一つでもあり、パリの居住形態をよくあらわしている。設備のない集合住宅が密集し、数多くのガルニが軒を連ねている。ガルニとは、多くの独身の労働者のみならず賃貸住宅がみつからない家族や家賃を支払うことができない家族が雑居を余儀なくされている仮の家具付きホテルのことである。当時の労働者のパリ全体にいえることだが、労働と住居はじつは分離されていないのだ。家具製造職人の作業場は集合住宅の中庭にあり、既製服製造やその他の作業は「自宅の部屋のなかで」おこなわれている。こうした状況からある種の生活様式が生まれる。日常生活の大部分が路上で営まれ、中庭や袋小路や居酒屋の周辺で組織されていく。居酒屋には「安酒屋」から「ビリヤードで遊べるカフェ」まであらゆる類いの店がある。モントルイユ通りは(図4)フォブール・サン＝タントワーヌ通りとともに街区の中心軸をなす。

フォブールの民衆は、家具製造職人を中心とする多様な社会層から成り立っている。フランス革命前の王政期に、高級家具製造業の発展を促進することを目的としてギルドの規制が廃止されたため、この産業

図4　1900年のモントルイユ通り（フォブール・サン＝タントワーヌ街区）
［出典］Collection de la Bibliothèque historique de la Ville de Paris.

図5　1900年頃のモントルイユ通りの中庭の作業場　写真にはイタリア人とフランス人の労働者が一緒に映っている。
［出典］Collection privée.

は早い時期から外国人の労働力に頼ることになる。この産業が成功をおさめたのはフランドル人やドイツ人の家具製造職人のおかげであった。外国人の家具製造職人は、経営者であれ労働者であれ、十九世紀を通じてつねに多かった。市場が変化した、需要がいっそうブルジョワ的になる、これまでよりもいっそう安く製造しなければならない、機械が進歩を遂げ、作業場は熟練度の低い安い労働力を求めるようになる。これがフォブールにイタリア人があらわれる端緒を開いた。モントルイユ通り九一番地の中庭に家具製造作業場の労働者たちの姿がみえる。彼らのなかにイタリア人のアレクサンドル・モレッティーを確認することができる（図5）。また、ルイージ・ボッツァのように経営者になる者もいる（前稿、一八五ページ図5参照）。いずれにせよ、家族が彼らと生活をともにしている。たとえ男性が多数派であるにしても、多くの家族の姿をどの集団にも確認できる。

フォブール・サン＝タントワーヌには絶えず移民の新しい波が押し寄せる。一八九〇年から、ロシア系ユダヤ人が増加し、彼らもまた家具製造職人や仕立職人になる。しかし地方出身の数多くのフランス人もつぎつぎとやってくる。なかには外国人に極めて近い立場の人びと（リムーザン地方出身者やアルザス＝ロレーヌ地方出身者）がいて、ガルニで外国人の隣人となる。より恵まれた環境のなかで暮らす地方出身者もいる。なかでもオヴェルニュ地方出身者は重要な位置を占めている。あらゆる力仕事（家具運搬人、屑鉄屋、炭屋）を経験したあと、彼らはフォブールのカフェ、ホテル、ダンスホールの経営に進出する。[6] こうした多様性ゆえに敵対的な行動が起きないはずがない。労働条件と生活条件が雑居を強いるため、競合する外国人に対する抗議運動が起こる。しかしこれらの条件が互いに似通っていることから、同じ運命を背負っているのだという感情も芽生えてくる。気高い職業に対する誇り、労働者の戦闘性、日常の束縛とカフェ通いやダンスホール通いのあいだに共有される街区の生活。かくして「バル・ミュゼット」が誕生した理由が理解できる。

一八八〇年から約二〇年のあいだ、オヴェルニュ人の楽団とイタリア人の楽団とは労働者の顧客を奪おうと互いに激しく争い、流血事件になることもあった。オヴェルニュ人はたくさんの店を経営していたが、その他のダンスホールの経営者たちは新しいメロディーを安い料金で演奏してくれるイタリア人に音楽を頼んだ。ある日、もっとも有名なオヴェルニュ出身のカフェ経営者の一人で、演奏もしたブスカテルが、イタリア人のアコーデオン奏者ジョゼフ・ペグリと一緒に仕事を始める決心をした。のちにペグリはブスカテルの婿になる。オヴェルニュのリズムとイタリアのメロディーの融合から、ミュゼット・ワルツが誕生したのだ。それは一九〇六年頃のバスティーユで生まれ、その成功は少なくとも一九五〇年代まで続いた。アコーデオンが奏でる「ミュゼット」は、今日でもなお、パリの公演にはつきものなのである。この文化的融合は、おそらく、フォブール・サン゠タントワーヌにおいて、パリがもつ坩堝《るつぼ》としての同化作用が有効に機能したことを象徴的に示している[7]。

一九五〇年代まで、フォブール・サン゠タントワーヌの生活は同じ様相を呈していたと考えてよい。なるほど、三〇年におよぶ歴史のなかで変化が生じなかったわけではない。家具製造職人層はしだいに衰退し、一九三〇年代の危機をまともにこうむった。同時にフランスの人口構成における労働者の占める割合は少し減少した(一九〇〇年以前の六五%から四五%に減少する)。一九二六年からフランスの人口がゆっくりと減少していく一方、外国人の比率が上昇し、両大戦間期には一二%を超える。ポーランド系ユダヤ人やバルカン半島出身のユダヤ人の人数が多いが、イタリア人はもっと多い。安い賃金で働くことによって、彼らが家具製造業の消滅を防ぐ。同伴家族が増えるだけに、コミュニティの生活は一九一四年以前よりもいっそう可視的になる。コミュニティは、イタリア人の家具製造工場の経営者、数多くのカフェ、モントルイユ通りに拠点をおくイタリア・カトリック宣教団を軸にして組織される。それでもやはり、家具製造業が中心的役割をはたし、繰り返し社会闘争が継続し、フォブールの全体的な様相は変化しないのである。迫害を受けているユダヤ人やファシズムに反対するイタリア人は、バスティーユ広場をデモ行進する人民戦線のパリで、わが家にいるかのように感じていたのだ。危機と戦争によって一時期、社会が硬直化するが、第二次世界大戦後の高度経済成長期、つまり「栄光の三〇年」と称される時代に急激な変化が起こるまでは、「パリの村共同体」が生き続けている。

両大戦間期のパリの外国人に関する多くの研究のおかげで、この生活様式をすべての民衆街区において確認することができる。[8] 例えばベルヴィルでは長いあいだ街区の外観が保たれてきた。数階の低層住宅が建ち並び、周辺に作業場が配置されていた(図6)。主要な表通りにはカフェや商店が建ち並んでいた。図8は一九六九年のベルヴィル広場である。「夜明け《オ・ボワン・デュ・ジュール》」と「ヴィエール弾きの女《ラ・ヴィエルーズ》」という店名の二つのカフェが一九一四年以前と同じ姿で建っている。二〇〇四年には、「ヴィエール弾きの女」は依然として残っているが、景観が一変している(図9)。両大戦間期には多くの外国人がこれらの低層住宅で暮らし、作業場で働いていた。パリ・コミューン期のベルヴィルでは住民の大部分はパリ生まれであったが、第一

図6　ベルヴィル，1948年のサヴィー通り
［出典］Photo Willy Ronis (Rapho), tiré de Françoise Morier (dir.), *Belleville, Belleville*, Paris, Créaphis, 1994, p. 37.

図7　連盟兵の壁の前でおこなわれる式典(1919年)
［出典］Roger-Viollet(Agence photo), *ibid.*, p. 37.

図 8　ベルヴィル広場(1969年)
［出典］ Photo Henri Guérand, *ibid.*, p. 204.

図 9　ベルヴィル広場(2004年)
著者撮影。

次世界大戦が終結すると住民の約一〇％が外国人となった（ポーランド系とロシア系のパリ在住ユダヤ人のうちの四分の一が、イタリア人、ベルギー人、アルメニア人、ギリシア人とともにベルヴィルに住んでいた）。ユダヤ人の仕立職人、ギリシア人やアルメニア人の靴製造作業場など、多様性に富む職人たちが、伝統的な小規模産業経済構造のなかに統合されていた。自ら進んで共産主義支持者となった外国人は、戦闘的な伝統を尊重し、連盟兵の壁（パリ・コミューンの際に蜂起に参加した多くの人びとがこの壁の前で銃殺された）を終着点とするデモ行進に参加していたのだ（図7）。

時がたってみると、移民がもたらした成果はたいへん肯定的にみえる。外国人や彼らの子どもたちは、本当のパリっ子となり、自分たちの住む街区におおいに愛着を感じるようになった。家具製造職人を勤め上げ、現在は引退しているイタリア人の第二世代の子どもたちは、「フォブールの息子」を自称する。ギリシア出身のクレマン・レピディスはベルヴィルに関する数冊の本の作者である。[9]

しかし、あまり理想化してはならない。たった一つの数字を考慮するだけで、舞台裏がどうなっていたかがわかるからである。一九三一年（危機の前夜）と一九四六年（第二次世界大戦後）のあいだに、パリ地方から四分の一の外国人が流出し、パリ市内からは半分以上の外国人が姿を消した。外国人が流出したのは外国人の存在が不安定で、ことにパリでは一時的な滞在が多かったせいもあろう。しかし、この流出はとどまりたくてもそれが不可能であった外国人の苦しみを物語ってもいる。雇用の制限、外国人嫌いや反ユダヤ主義からくる暴力が苦しみを与えてきたのである（パリのユダヤ人の四分の一は強制収容所に送還された）。このような状況はパリ特有のものではなく、パリではその郊外や地方よりも、ナショナリストの憎悪はむしろ強くなかったようだ。しかしこの差別によって、パリの坩堝作用の効果が弱まったことは確かである。舞台裏の別の様相もすべてのパリっ子にあてはまる。民衆街区の生活には利点しかないというわけではない。非衛生的で老朽化した集合住宅では設備がない生活を強いられる。水道が引かれている例はまれである。私生活がなく共同生活が強いられ、共同生活はしだいに毛嫌いされていく。かなり早い時期から人びとは安く購入できる郊外の住宅を求めて、「よい空気」と個人の住宅を得ようとした。外国人がフランス人に続いた。絶えず告発の対象となっていたあばら屋は、一九四六年には依然としていたるところに存在していた。二十世紀後半になって、あばら屋一掃政策が断行されるのだ。

3　二十世紀末のベルヴィル　多様なエスニシティの街区のモデル

かつてないほど外国人の密度が高いパリにおいて(一九三一年の一〇%に対して現在は総人口の二五%)、ベルヴィルは、今日、外国人の密度がもっとも高い街区の一つになっている。一九五〇年代と一九六〇年代に生じた二度にわたる人口流入の波によってベルヴィルの外国人の構成が変化した。まずアルジェリア出身の労働者がやってきた(パリではバルベスにつぐ第二の集住地である)。つぎに北アフリカの植民地から帰国したユダヤ人がやってきた。とりわけチュニジア人である。両者は互いに混じり合うことはなかったが、多くの共通する文化的特徴をそれぞれ保持し続けながら、長い時間をかけてベルヴィル大通りをマグレブ風の遊歩道に変えた。オリエント風の商店が建ち並び、ジャスミン売りがあらわれた。一九七〇年代末になると民族の多様性が拡大した。数多くの店舗を購入することによって、中国人、カンボジア人、タイ人といったアジア人たちが、ベルヴィル通り沿いの一帯にパリの第二の「チャイナタウン」を築いた（図12）。勤労者宿泊施設、不法占拠住宅、[10]低家賃住宅には多くのサハラ以南アフリカ出身の家族が住んでいる（図13）。低地ベルヴィルではさらに民族は多様となり、既製服製造作業場やエスニック商品を売る小規模商店の周辺に、トルコ人（一九八二年から九〇年に七六％も増加した）、スリランカ人、マレーシア人が住んでいる。

　ヴィラン通りの景観（図10）は今日のベルヴィルを代表するものである。つまり、空地と巨大な現代的低家賃住宅（ＨＬＭ）が広がる開発途上の街区の景観である。[11]一九六〇年代以降、大規模な都市開発がおこなわれてきた。しかしゆっくりと開発された結果、ベルヴィルには異質混交性が生み出された。巨大な低家賃住宅に隣接して建っているのは、老朽化した建物や窓がふさがれた建物（図11）、無一文の不法滞在者が好む不法占拠住宅である。他方で、豪華なマンションがつぎつぎと建設されている。

　こうした変化は人口構成の変化をともなう。一九五四年から八二年にかけてベルヴィルの移民人口は倍増した（四七〇〇人から九七〇〇人に増大し、総人口に占める割合も一九三一年の一六％から二五％になった）。この間フランス人の人口は半減し（四万五二〇〇人から二万四六〇〇人に減少）、社会的な構成も変化した。非衛生区画に住んでいた労働者がパリの近郊に住宅を与えられたため、労働者の占める割合は五一％から二六％に減少し、上級管理職や自由業の人びとの割合が三・五％から一三・三％に増大した。労働者層に中間層や上層がとってかわる現象は、両大戦間期に始まり、栄光の三〇年のパリ社会で加速していった。これに労働者の生活様式の変化を付け加えなければならない。私生活や快適な設備に対する嗜好が大きくなっていった。さまざまな街区において都市開発が進む一方で、昔の民衆街区の基盤が消え去りつつあった。諸集団が極めて多様である点と諸集団が絶えず入れ替わっている点は、今も昔も変わらない。しかし、これらの点を除くと、ベルヴィルの外国人は自分たちを受け入れてくれる環境に対して、昔とは異なる関係を取り結んでいる。第一の相違点は民族《エトニ》諸集団における関係性が極めて可視的であるということだ。都市開発によって空間が細分化された結果、これまでにみられない住み分けがなされている。特定の区画の集合住宅では移民が住民全体の半分以上を占めるにいたっている。空間の整備と利用の仕方も異なっている。商店やその看板のはたす役割が大きくなり(中国人の店はもっとも目立つ)、顧客の位置付け、言葉、服装の重要性が増した(顧客の七割は商店主と出身地域が同じである)。宗教的な施設(ジュリアン・ラクロワ通りのシナゴーグや建物のなかにあるため外からは見えない複数のモスク)の近辺に群衆があらわれた。これらの集団は、さまざまな組織に支援され、また、ますます大きくなる宗教的な影響を受けながら、互いに監視し合い社会空間を分有している。この点からすると、諸集団はパリで共有されている日常生活《ハビトゥス》の規範のなかで、もはや融合しようとしてはいないかのようだ[12]。人口学者で一九九〇年代の民族《エトニ》間の関係を研究しているパトリック・シモンは「分有された社会[13]」という表現を用いている。ここでいう分有とは、さまざまなコミュニティによる領域《テリトワール》の分有を意味する。あらゆる民族《エトニ》が混在する空間はほとんどなく、朝市(図14)、ベルヴィル公園、スーパーマーケットぐらいである。フランス人はもっとも人数が多いにもかかわらず、あまり目立たない。

図10　ベルヴィル，ヴィラン通りの再開発（1982年）
［出典］Photo Henri Guérand, tiré de Françoise Morier（dir.）, ***Belleville, Belleville***, Paris, Créaphis, 1994, p. 204.

図11　ベルヴィルの不法占拠住宅（1990年代）
［出典］Photo Serge Bois-Prévost（Maison de la Villette）, ***ibid.***, p. 8.

図12　ベルヴィル通り（2004年）
著者撮影。

図13　ベルヴィルのアフリカ出身の子どもたち（1975年）
［出典］Photo Michel Maiofiss (Maison de la Villette), tiré de Françoise Morier (dir.), *Belleville, Belleville*, Paris, Créaphis, 1994, p. 458.

図14　ベルヴィル，朝市(2004年)
著者撮影。

　いま一つの大きな相違点は、外国人とフランス人の関係にかかわっている。昔からベルヴィルに住んでいる人びとは、パリの多くの高齢者がしばしば経験する困難な条件のもとで年老いていく。他方、新しくベルヴィルに移り住んできたフランス人には二つのカテゴリーが認められる。第一のカテゴリーは、立派なマンション区画の範囲内で緊密な人間関係を取り結ぶことができるが、街区に対しては閉鎖的で、孤立した集団を構成する人びとである。ベルヴィルの公立学校では八〇％以上が外国人の子弟であるが、フランス人の子弟の大多数は私立学校に通うか、街区の外の学校に通う。この事実は意味深い。しかし、パトリック・シモンが「多文化共存主義者」と呼ぶ第二のカテゴリーの人びともいる。彼らは知的階層の出身で、度を超した都市開発に対する反対運動に身を投じ、自分たちの組織に移民集団の代表を受け入れている。文化的な多様性を評価することによって、街区が保持している歴史的なアイデンティティを守ろうとする人びとが、街区の活性化をはかるうえで、昔から住んでいるベルヴィルっ子にとってかわったのである。彼らの革新的な活動(住居斡旋運動や人種差別反対運動への動員、芸術家のアトリエ、街区のさまざまな祭り)はベルヴィル神話の継続に寄与している。ベルヴィルは、政治的には赤い砦ではなくなりつつあるが、つねに、抑圧され戦う貧しき民衆の交差点であろうとしている。異国情緒という新たな色彩がアイデンティティに付け加わることで、ベルヴィルは「個性的な街区」という評価を保っているのである。

すでにみたように今日のパリには外国人の存在によって形態が変化した多くの場がある。ベルヴィルやアリーグル広場のような多様なエスニシティの交差点の機能をもつ街区があり、ショワジーの三角地帯(中国人)やグット・ドール(マグレブ人)のようなより均質な街区があり、ラ・シャペル街区のタミル人が集住する通りのようなミクロの空間も存在する。

アメリカ合衆国起源の「エスニック・リヴァイヴァル」が六〇年代以降フランス社会と遭遇し、強力な同化作用をもつとされたフランスの文化モデルに異議が唱えられるようになった。長いあいだ否定的にとらえられてきた文化的な差異が、とりわけパリでは、多様性が伝統であるだけに、尊重されている。ベルヴィルの「多文化共存主義者」にならって、多くの人びとが現在の変化は「プラス」をもたらすと考えている。異国趣味の商店やレストラン、新しい都市の慣行(中国風の正月)など。都市のアイデンティティにおいてそれぞれの役割をはたすことによって、さまざまな街区は都市に同化され続ける。ベルヴィルの事例が示しているように、これらの街区からフランス人が完全に姿を消してしまったわけではない。都心部の地価上昇がこのことの部分的な説明になる。都市開発の結果、界隈の「高級化」の前線は複数の街区にまたがって前進しているのだ(グット・ドールはその一例である)。

しかし地理的に近接しているために、空間の住み分け現象が街区よりも小さい土地区画といういっそう細分化されたレヴェルで起こる。この住み分けは昔よりもずっと根深い(別々の学校に通うから、子どもたちの未来はその基盤において切り離されている)。実際、文化的な表象のおかげでさまざまな街区のアイデンティティは鋳直されうるが、社会は「分有された」ままである。こうした共通の社会的基盤の欠如こそ、かつての民衆街区の時代との大きな相違点である。ベルヴィルでは、統計からエスニシティごとに貧困の度合いが異なっていることがはっきりとわかる。移民層では労働の熟練度は極めて低く、失業率も高い。一九九〇年代においては、非熟練労働者の六二%、一度も仕事に就いた経験のない失業者の七八%が移民である。昔から住んでいる多くの人びとは、自分たちの街区であると感じられなくなり、外国人の存在に不安をいだくようになる。この不安感は外国人嫌いの極右政党である国民戦線への投票行為となってあらわれる。かつて労働者たちは社会闘争で互いに出会うことが可能であったが、今は困難な状況のせいで民族《エトニ》間に緊張が生み出されている。宗教にかかわる道具を販売する店や宗教的な衣装をまとう現象は、ベルヴィルにおけるイスラム原理主義やユダヤ主義の台頭を示している。しかしながら緊張の度合いは、フランスの他のどこと比較しても、またパリの郊外よりも、パリ市内の街区のほうが低いのである。パリ市内の都市化がプラスの効果を持ち続けていると考えることは可能なのである。事実、フランス語の看板が消えつつある残された空間のすぐ横で、表通りや朝市ではさまざまな民族《エトニ》からなる公衆が渾然一体となっているように思われる。レストラン、とくに中華レストランは非常に多様な客層を迎え入れている。

長期にわたる歴史をざっと俯瞰《ふかん》しただけで、六〇年代を中心に、どれほど事態が急変したかがわかると思う。長いあいだ、パリ民衆は外国人を受け入れる社会的空間をつくりあげてきた。長い過去の継承者として、パリ民衆は、困難もあったが、極めて多様な出身地域の移民の同化を可能にしていた。今日のパリでは文化的な多様性が市民権を獲得している。この点はプラスであるとみなしてよい。それはロンドンやニューヨークと同様に、パリが世界の外国人受け入れの中心の一つであることの証左である。メダルには必ず裏面があるように、社会的近接に基盤をおくパリの坩堝作用の効果を、現在、見出すことは困難である。歴史家は未来に関して結論を下すことはできない。民族的《エトニック》なさまざまな現象が持続的に定着すると断言できるが、「パリの坩堝作用」が今後どうなっていくかを想像することはかなり難しい。今日の移民の子弟の歴史をさらに詳しく知るためには時がたつのを待たなければならない。

1　マリ゠クロード・ブラン゠シャレアール「パリ地方の外国人――その社会的位置と都市圏の拡大」図1（本書一七五頁）参照。

2　世界の主要都市では「問題視される移民居住区」が荒廃した都市中心部に位置する場合が多いけれども、フランスでは移民居住区の表象を集中的にあらわしているのは、郊外の低家賃住宅（HLM）が建ち並ぶ団地である。一九七〇年以降、数多くの外国人の家族が老朽化しつつある団地に居住させられた。それに続く一〇年間に、危機が深まり、都市の暴動が起こるようになると、これらの団地はしだいにゲットーとみなされるようになる。このようにして危険な郊外という新しいイメージが形成された。「赤い郊外」についで移民の郊外となったのである。

3 ジャック・ベルティヨンがパリ住民の富の指標から作成した地図（国勢調査に再録されている）はこのイメージの固定化に大きな役割をはたした。とりわけ、Jacques Bertillon, *Évaluation numérique du degré d'aisance de la population de chaque arrondissement et de chaque quartier de la Ville de Paris en 1891* [Paris, Société d'éditions scientifiques], 1895を参照。

4 Jean-Louis Robert et Danielle Tartakowsky（dir.）, *Paris le peuple XVIII*^{e}*-XX*^{e} *siècle*, Paris, Publications de la Sorbonne, 1999を参照。

5 Louis Chevalier, *Les Parisiens*, Paris, Hachette, 1967を参照。

6 Marie-Claude Blanc-Chaléard, *Les Italiens dans l'Est parisien*（*années 1880–1960*）*. Une histoire d'intégration*, 1880–1960, Rome, École française de Rome, 2000を参照。

7 Marie-Claude Blanc-Chaléard, "Les trois temps du bal musette ou la place des étrangers", in Jean-Louis Robert et Danielle Tartakowsky（dir.）, *Paris le peuple XVIII*^{e}*-XX*^{e} *siècle*, Paris, Publications de la Sorbonne, 1999, p. 77–90を参照。

8 例えば第一一区のロケット街区に関する研究として Annie Benveniste, *Du Bosphore à la Roquette. La communauté judéo-espagnole à Paris*, 1914–1940, Paris, L'Harmattan, 1989を参照。

9 一九三〇年代のベルヴィルにおける外国人の生活に関する小説の著者であったクレマン・ラピディスは、ベルヴィルのアイデンティティを要求する闘士となった。Clément Lépidis, *L'Arménien*, Paris, Seuil, 1973を参照。

10 squats. 取り壊しの予定になっている建物の不法占拠を指すのに英語が用いられている。

11 rénovation という言葉は、不動産取引を意味するのではなく、荒廃した区画をすべて取り壊し、確保した用地で建築をおこなうことを意味する。多くの場合、マンションや高層建築物が建設される。

12　ハビトゥスという言葉は社会学者のピエール・ブルデューの用語であるが、それは日常生活における諸個人の社会的・文化的行動様式を意味している。日常的な態度や振舞い、服装や話し方など。

13　Patrick Simon, "La Société partagée. Relations interethniques et interclasses dans un quartier en rénovation. Belleville", Paris XX, *Cahiers internationaux desociologie*, Vol. XCVIII, 1995, p. 161–190; do., "Belleville, un quartier d'intégration", *Migrations Société*, Vol. 4, no. 19, janv.-fév. 1992を参照。

あとがき

二〇〇四年十月二〜三日に東京日仏会館で、日仏シンポジウム「現代都市発展の社会経済史――民衆生活、移入民、都市空間」が、日仏歴史学会と日仏会館の共催、フランス大使館と社会科学国際交流江草基金の後援というかたちで開催された。司会は福井憲彦、廣田功の両氏と中野隆生がつとめた。午後だけの第一日目には、趣旨説明を口火として、アラン・フォール、大岡聡のお二人が都市民衆の暮らしに関する報告をおこない、これに木下賢一(フランス史、明治大学)と高岡裕之(日本史、当時は都留文科大学)の両氏によるコメントが加えられた。翌日の午前中に都市への移入民について報告したのはマリ＝クロード・ブラン＝シャレアール氏と外村大氏であり、野村真理(オーストリア史、金沢大学)と橋谷弘(日本史・朝鮮史、東京経済大学)の両氏にそれぞれの立場から論評していただいた。午後には、アニー・フルコー、成田龍一のお二方が都市空間の拡大、展開をめぐって論じ、全体にかかわる事柄も含めて、川越修氏(ドイツ史、同志社大学)が論点の提示をおこなった。シンポジウムの開催にあたっては、上記の方々以外にも、まことに多くの人たちの恩恵をこうむっている。この場を借りて改めて御礼を申し上げたい(なお、平野奈津恵氏によるシンポジウムの紹介が『日仏歴史学会会報』20〈二〇〇五年三月〉に掲載されている)。

このシンポジウムが本書のベースとなったが、目次から明らかなように、一冊の本にするにあたって入替えや追加をおこなっている。まず、成田氏にかわって高岡氏に執筆を依頼し快諾していただいた。これによってシンポジウムでは外村報告のなかで東京とともに触れられるに止まっていた大阪について、正面から扱った論文をおさめることができた。だからというわけでもないが、成田氏には序章の一部を執筆していただくことにした。また、フランスから招聘した三名は滞在期間中にもう一つ別の講演を東京や関西でおこなっていたが、そのなかからブラン＝シャレアール氏の「パリの外国人空間、過去と現在」を本書のなかに組み込んだ。そうすることで、一世紀以上にわたってパリと外国人の関わり合いを見通すことができると考えたからである。当初はコメンテイターの五名の方にも協力を依頼するつもりであったが、構成上の都合などからあきらめざるをえなかった。

序章で何度か言及した『都市空間の社会史　日本とフランス』（中野隆生編、山川出版社、二〇〇四年）は二〇〇一年の日仏シンポジウム「近代都市史の新展開——日常性、ネットワーク、表象」を踏まえた論集であり、五年をへた今日でもおおいに役立つ情報が満載されている。その事実上の続編が本書なのである。十九世紀後半から第一次世界大戦前夜までに焦点を合わせた前書に対し、本書では、やや時代を下らせて両大戦間期に中心的な対象時期を設定した。都市の空間的膨張、郊外の形成という二十世紀都市の大問題に正面から向き合うためである。都市における移民や外国人をめぐる諸問題がすぐれて現代的な質をおびることも、本書から明確に読み取っていただけるに違いない。

日本でもフランスでも都市は多様な事象を孕んだ空間をなし、近代、現代ともなれば、ことさらにそうであった。いまや情報ネットワークなどのおかげであらゆる場所で都市的な生活をおくれる時代となり、それだけに都市空間の歴史学にとって、対象が広がっていくことはいよいよ避けがたくなりつつある。これからは、都市をめぐるさまざまな課題に日仏比較を超えた国際的な枠組みで挑むことがさらに求められるだろう。そこでは、地理学、社会学、人類学、建築学などとの連携が不可欠である。また、都市史における近世と近代、現代の対話も、より積極的に試みなければなるまい。これらの試みがときとして困難に満ちていることは十分に承知している。しかし、それでも、こうした方向へと近代都市史研究は進まざるをえないと思う。そのとき空間への着目は必ずや手掛かりになってくれるはずである。

事前に予測してはいたが、正直いって、編集作業は困難をきわめた。最後には文字通り慌しい局面も経験した。それでもシンポジウムから二年で論集にできたのは、まずまずの結果ではないかと今は考えている。おかげで、また少し前へ進むことができる。これもひとえに、執筆者、訳者をはじめ、多くの方々の御尽力のたまものである。それだけになお、本書に盛られた問題提起が大勢の方々のもとへ届き、そこから刺激に満ちた新たな芽が育ってくることを、いまは心から祈らずにはいられない。

二〇〇六年六月末、真夏のような梅雨の合間に

中野隆生

〔付記〕序章とフランス側論文翻訳における中野隆生の担当部分、および本書の編集は、平成十六〜十八年度科学研究費補助金（基盤研究Ⓒ）（課題番号一六五二〇四四七：フランス近代における都市空間の社会史的研究）による研究成果の一部である。

岡部造史 おかべ ひろし(訳者)

成蹊大学非常勤講師

主要論文：「フランス第三共和政期の地方制度改革――1884年「コミューン組織法」の論理」（『史学雑誌』第108編第7号，1999年7月）；「フランスにおける乳幼児保護政策の展開(1874–1914年)――ノール県の事例から」（『西洋史学』第215号，2004年12月）；「フランスにおける児童扶助行政の展開(1870–1914年)――ノール県の事例から」（『史学雑誌』第114編第12号，2005年12月）

Annie Fourcaut アニー・フルコー

パリ第1大学教授

主要著書：*Bobigny, banlieue rouge*, Paris, Éd. Ouvrières / Presses de la FNSP, 1986; *Un siècle de banlieue parisienne(1859–1964). Guide de recherche*(dir.), Paris, L'Harmattan, 1988; *La banlieue en morceaux. La crise des lotissements défectueux en France dans l'entre-deux-guerres*, Grâne, Créaphis, 2000.

外村　大 とのむら まさる

東京大学・東京外国語大学非常勤講師

主要著書・論文：『在日朝鮮人社会の歴史学的研究――形成・構造・変容』（緑蔭書房，2004年）；「朝鮮人強制連行――その概念と史料から見た実態をめぐって」（『戦争責任研究』第45号，2004年9月）；「帝都東京の在日朝鮮人と被差別部落民」（『部落解放研究』第171号，2006年8月）

Marie-Claude Blanc-Chaléard マリ＝クロード・ブラン＝シャレアール

パリ第1大学助教授

主要著書：*Les Italiens dans l'Est parisien. Une histoire d'intégration(année 1880–1960)*, Roma, École française de Rome, 2000; *Histoire de l'immigration en France*, Paris, La Découverte, 2001; *Les immigrés et la France, XIXe–XXe siècle*, Paris, La Documentation française, 2003.

西岡芳彦 にしおか よしひこ(訳者)

明治学院大学文学部助教授

主要論文：「パリ民衆地区における国民軍と六月蜂起」（『西洋史学』第151号，1989年1月）；「ポパンクール街区のコミューン兵士」（『明治学院論叢』第561号，1995年3月）；「パリ・コミューンにおける地域組織の形式――第11区の小評議会を中心に」（『明學佛文論叢』第39号，2006年3月）

執筆者紹介（執筆順）

中野隆生　なかの　たかお（編者）

首都大学東京都市教養学部教授

主要著書：『プラーグ街の住民たち――フランス近代の住宅・民衆・国家』（山川出版社，1999年）；『現代国家の正統性と危機』（共編著，山川出版社，2002年）；『現代歴史学の成果と課題　1980―2000年Ⅱ　国家像・社会像の変貌』（共編著，青木書店，2003年）；『都市空間の社会史　日本とフランス』（編著，山川出版社，2004年）

成田龍一　なりた　りゅういち

日本女子大学人間社会学部教授

主要著書：『「故郷」という物語――都市空間の歴史学』（吉川弘文館，1998年）；『故郷の喪失と再生』（共著，青弓社，2000年）；『近代都市空間の文化経験』（岩波書店，2003年）；『岩波講座アジア・太平洋戦争６　日常生活の中の総力戦』（共編著，岩波書店，2006年）

大岡　聡　おおおか　さとし

日本大学法学部教員

主要著書・論文：『江戸――街道の起点（街道の日本史20）』（共編著，吉川弘文館，2003年）；『「大東京」空間の政治史』（共著，日本経済評論社，2002年）；「戦間期都市の地域と政治――東京・「下町」を事例にして」（『日本史研究』464号，2001年４月）

高岡裕之　たかおか　ひろゆき

関西学院大学文学部教授

主要論文：「昭和戦前期の大阪市における映画興行」（大阪市立大学日本史学会『市大日本史』第７号，2004年５月）；「総力戦下の都市「大衆」社会――「健全娯楽」を中心として」（安田浩・趙景達編『戦争の時代と社会――日露戦争と現代』青木書店，2005年）；「戦時動員と福祉国家」（テッサ・モーリス・スズキほか編『岩波講座アジア・太平洋戦争３　動員・抵抗・翼賛』岩波書店，2006年）

Alain Faure　アラン・フォール

パリ第10大学ナンテール校研究員

主要著書：*Paris, Carême prenant. Du carnaval à Paris au XIXe siècle*, Paris, Hachette, 1978（見富尚人訳『パリのカーニヴァル』平凡社，1991年）; *Les premiers banlieusards. Aux origins des banlieues de Paris*(dir.), Paris, Créaphis, 1991; *La mobilité d'une génération de Français. Recherche sur les migrations et les déménagements vers et dans Paris à la fin du XIXe siècle*(en collaboration avec Jean-Claude Farcy), Paris, INED, 2003.

都市空間《としくうかん》と民衆《みんしゅう》 日本《にほん》とフランス

2006年 8 月20日　第 1 版 1 刷印刷
2006年 8 月30日　第 1 版 1 刷発行

編　者　中野隆生《なかのたかお》

発行者　野澤伸平

発行所　株式会社 山川出版社

〒101-0047　東京都千代田区内神田1-13-13
電話　03(3293)8131(営業)　8134(編集)
http://www.yamakawa.co.jp/
振替　00120-9-43993

印刷所　株式会社 シナノ

製本所　株式会社 関山製本社

装　幀　菊地信義

 ISBN4-634-64021-X